Horst H. Siewert

Teste deine Intelligenz!

Horst H. Siewert

Teste deine Intelligenz!

Das systematische

Übungsprogramm

zum Erkennen

und Bestehen von

Intelligenztests

Aufgabentypen

Musterfragen

Lösungen

mit IQ-Selbsttest

Bechtermünz Verlag

Für Renate
Julia
Matthias
und
Christian

Genehmigte Lizenzausgabe für
Bechtermünz Verlag im
Weltbild Verlag GmbH, Augsburg 1996

Umschlaggestaltung: Eisele & Bulach, Augsburg
Gesamtherstellung: Wiener Verlag, Himberg bei Wien
Printed in Austria
ISBN 3-86047-545-2

Inhalt

Vorwort

Es lohnt sich, einen Moment über die Frage der Intelligenz nachzudenken. Was beinhaltet der Begriff? Was kann man mit Intelligenz machen?

Mehr denn je spielt Intelligenz in unserer Gesellschaft eine wichtige Rolle. Ja, ihr werden Möglichkeiten zugesprochen, die an Wunder grenzen. Intelligente Menschen, so heißt es, haben Erfolg, Macht und Einfluß. Weniger intelligente Menschen hingegen werden angesehen, als ob sie unter einer Behinderung litten. In unserer Gesellschaft gelten sie als Außenseiter.

Doch so einfach ist es nicht mit der Intelligenz. Klischees bestimmen unser Bild von ihr. So überraschte es mich vor einiger Zeit kaum, daß eine amerikanische Zeitschrift verkündete, die intelligenteste Hausfrau Amerikas mit einem Intelligenzquotienten (IQ) von 148 gefunden zu haben. Dieser IQ, der knapp unter dem von Albert Einstein liegen dürfte, sollte diese Hausfrau dazu befähigen, Raketen und Atomwaffen zu bauen, so die reißerisch aufgemachte Schlagzeile des Artikels.

Über die berufliche Zukunft, die die Zeitung für die Hausfrau vorgesehen hatte, läßt sich streiten. Doch auch unter einem anderen Aspekt ist diese Aussage fraglich. Intelligenz bietet nur dann die Möglichkeit, bestimmte Tätigkeiten auszuüben, wenn ein Individuum auch die entsprechenden Fähigkeiten und Kenntnisse besitzt. Ein hoher Intelligenzquotient nützt allein nichts. Um beim Beispiel der Frau zu bleiben: Wenn sie nicht auch die entsprechenden Kenntnisse in der Raketentechnik besitzt, wird sie niemals eine Rakete bauen können. Anders ausgedrückt, Sie können zwar einen Ferrari besitzen, aber ohne den Schlüssel haben Sie nur ein Statussymbol und können nicht damit fahren. Ganz ähnlich ist es mit der Intelligenz.

Fassen wir zusammen: Intelligenz allein garantiert zwar noch nicht den beruflichen Erfolg, aber sie stellt die Basis einer erfolgreichen Karriere dar. Das ist der Grund, warum sich Intelligenztests in offener oder versteckter Form einer großen Beliebtheit bei der Auswahl von Bewerbern erfreuen. Personalchefs bauen dabei auf zahlreiche Testvarianten.

Heute verwendet man in vielen Berufen Eingangstests, die eine sehr große Ähnlichkeit mit Intelligenztests aufweisen, aber zusätzlich noch weitere, speziell in diesem Beruf verlangte Eigenschaften erfassen. Diese Tests werden auch Berufseignungstests genannt. Ihr Erfolg in der Auswahl geeigneter Personen war so augenfällig, daß Berufseigungstests und Intelligenztests in allen großen Firmen der Welt durchgeführt werden.

Intelligenztests können auch als Teil von Persönlichkeitstests auftauchen. In dieser versteckten Form sind sie für den Bewerber besonders heimtückisch, da sie nicht sofort als Intelligenztests erkannt werden. Doch keine Angst, Tests sind trainierbar!

Dieses Buch wird Sie Schritt für Schritt mit allen Aspekten von Intelligenztests bekannt machen. Sie werden feststellen: Es bietet die Möglichkeit, sich gezielt auf die unterschiedlichsten Testformen vorzubereiten und so für den Ernstfall gerüstet zu sein.

Sollten Sie dieses Buch in die Hand genommen haben, um etwas mehr über sich selbst zu erfahren, dann möchte ich Sie ganz besonders auf den IQ-Selbsttest auf den Seiten 129 ff. hinweisen. Er bietet Ihnen die Möglichkeit, Ihren Intelligenzquotienten selbst festzustellen. Doch auch die übrigen Seiten sollten Sie nicht einfach überschlagen. Denn Sie bieten Ihnen die Chance, mehr über die verschiedenen Formen von Intelligenz (visuelle, praktische, mathematische oder sprachliche Intelligenz) zu erfahren und zu sehen, in welchem Bereich Ihre persönlichen Stärken und Schwächen liegen.

Intelligenz ist kein Faktor, der allgemein gilt. Jeder Mensch hat ganz spezifische unterschiedliche Begabungen und Schwächen. Es wäre also grundlegend falsch, zu behaupten, jemand sei „dumm", nur weil er im mathematischen Bereich Schwächen hat. Richtig ist vielmehr, daß ein Mensch – sozusagen als Kompensation – Stärken in anderen Bereichen, etwa im sprachlichen Bereich, haben kann. Um dies für sich genau festzustellen, lesen Sie die Kapitel 2 bis 5 aufmerksam durch.

Dieses Buch mißt die vorhandene Intelligenz mit Hilfe des Intelligenzquotienten. Dabei geht man allgemein davon aus, daß der durchschnittliche Intelligenzquotient 100 beträgt. Sie sollten streßfrei und ohne Leistungsdruck daran gehen, Ihren persönlichen Intelligenzquotienten zu ermitteln. Denn Streß vermindert die Konzentrations- und damit die Leistungsfähigkeit. Ihr ermittelbarer IQ fällt unter Streß mit Sicherheit geringer aus, als im entspannten Zustand. Das liegt nicht daran, daß Ihr IQ schwankt, sondern daran, daß Sie ganz einfach manche Aufgaben unter Streß falsch oder gar nicht lösen.

Sie werden auch feststellen, daß Sie im Laufe der Zeit die Aufgaben in diesem Buch immer schneller und sicherer lösen werden.

Diesen Trainingseffekt können Sie dann in der konkreten Testsituation nutzen, denn Sie kennen nunmehr die unterschiedlichsten Testvarianten und können so beim Einstellungstest brillieren.

Sicher ist es für Sie interessant, in diesem Buch zunächst einmal nur zu blättern und sich die Testaufgaben anzuschauen. Dabei werden Sie neue Eindrücke gewinnen, und die eine oder andere Aufgabe wird Sie vielleicht überraschen.

Nehmen Sie sich für die vorliegenden Tests genügend Zeit, und versuchen Sie, die einzelnen Aufgaben sorgfältig zu erledigen.

Wenn Sie Fragen oder Anregungen zu diesem Buch haben, so können Sie sich gerne an mich wenden. Briefe oder Faxe werden vom Büro für Beratung an mich weitergeleitet.

Ein Teil der Tests wurde von der Fa. PEGASTAR S.A, Le Château, CH-2028 Vaumarcus als Softwareprogramm mit automatischer Auswertung veröffentlicht. Wenn Sie an einer Computerversion interessiert sind, sollten Sie sich an die genannte Adresse wenden.

Bei der Bearbeitung der Tests und für den konkreten Prüfungsfall wünsche ich Ihnen viel Spaß und Erfolg.

Dr. Horst H. Siewert

Kontaktadresse:

Büro für Beratung
Orchideenweg 2–4
D-72762 Reutlingen

1 Einleitung

1.1 Warum sind wir intelligent?

Isadora Duncan und *George Bernard Shaw* wird folgende Unterhaltung in den Mund gelegt. Sie sagte ihm einmal: „Mit ihrer Intelligenz und meiner Begabung würde unser Kind sicher alle Möglichkeiten der Welt haben.“ „Da bin ich mir nicht so sicher,“ erwiderte daraufhin der berühmte Humorist Shaw, „vielleicht wird alles andersherum vererbt.“

Diese Anekdote könnte für den aktuellen Stand der Forschung zur Frage der Vererbung von Intelligenz stehen. Obwohl Biologen heutzutage fast jede Woche ein neues Gen entschlüsseln, tun wir uns schwer, das Zusammenspiel von komplexen Fähigkeiten zu verstehen.

Die Frage nach der Intelligenz stellen sich Psychologen schon seit Jahrhunderten. Dabei gab und gibt es immer wieder neue Theorien und Meßmethoden. Daß von Mensch zu Mensch ein intellektueller Unterschied besteht, wußten schon die alten Griechen und Römer.

Es läßt sich nachvollziehen, daß der Begriff der Intelligenz in der Philosophie entstanden ist, die zuerst die Problemstellung formulierte und dann nach Lösungen suchte. Man war schon im Altertum an den intellektuellen und kognitiven Fähigkeiten des Menschen interessiert. Die Philosophie war es auch, die herausfand, daß Unterschiede zwischen den Menschen bestehen. Man entdeckte, daß einige Menschen die Fähigkeit zu denken, Probleme zu lösen oder Dinge wahrzunehmen besser entwickelt hatten als andere. Doch worauf waren diese Unterschiede zurückzuführen? Eine Theorie der frühen Psychologen bzw. Philosophen war es, die Intelligenzunterschiede auf die Schnelligkeit der Reizverarbeitung zurückzuführen. Letztere läßt sich zum Beispiel anhand der Dauer der Reflexzeit des Patellarsehnenreflexes messen, also an der Zeit, die von dem Moment an vergeht, in dem man mit einem Gummihammer oder der Handkante gegen einen Punkt unterhalb des Knies schlägt, bis zu dem Zeitpunkt, an dem der Unterschenkel hochschnellt. Die Untersuchungen förderten jedoch keinen nen-

nenswerten Unterschied zwischen Hochintelligenten und geistig Zurückgebliebenen zutage.

Der französische Psychologe *Binet* erkannte, daß Intelligenz durch Tests gemessen werden müßte. In einer Untersuchung von geistig zurückgebliebenen Kindern, die er im Auftrag des französischen Ministeriums für Unterricht und Erziehung im Jahre 1904 durchführte, entwickelte er eine Skala, um zunächst die Fähigkeiten und geistigen Fertigkeiten der zurückgebliebenen Schüler zu erfassen. Er fertigte dazu eine Serie von 30 verschiedenen Aufgaben an, mit deren Hilfe er Urteilsfähigkeit, Verständnis und logisches Denken messen konnte.

Um das Ergebnis vollständig an eine schulischen Förderung anzukoppeln, waren die Aufgaben so gestaltet, daß sie ohne jede Vorbildung gelöst werden konnten. Der Schwierigkeitsgrad der Aufgaben bei *Binet* war unterschiedlich. Als Maßstab galt die durchschnittliche Häufigkeit, mit der eine Aufgabe von einem Altersjahrgang gelöst wurde.

Diese Einteilung führte schließlich zu dem Begriff des Intelligenzalters. Jedem Schüler, der die durchschnittlichen Aufgaben eines Achtjährigen lösen konnte, wurde das Intelligenzalter acht Jahre zuerkannt. Das galt auch dann, wenn der Schüler erst sieben Jahre oder gar schon zehn oder elf Jahre alt war.

Der Nachfolger von *Binet, Stern*, hatte die Idee, Intelligenz anders zu bestimmen. Er setzte die Zahl 100 als Norm für eine durchschnittliche altersgemäße Intelligenz an. Er multiplizierte dann das mentale Alter mit 100 und dividierte das Ergebnis durch das reale Alter, wie das Beispiel veranschaulicht:

Mentales Alter: 8 Jahre
Reales Alter: 10 Jahre

$$\frac{8 \cdot 100}{10} = 80$$

Damit war der berühmte IQ erfunden. Lag die errechnete Zahl unter 100 Punkte, so ergab sich für das betreffende Kind oder für den betreffenden Erwachsenen ein geringer IQ, der unter dem Durchschnitt lag. Im gegenteiligen Fall ergab sich ein höherer IQ.

Doch etwas ist zu bedenken: Ein Intelligenztest kann nicht das gesamte Spektrum an Intelligenz erfassen, die einen Menschen ausmacht. Dazu ist Intelligenz viel zu schwer zu erklären. Die Definitionen der Intelligenz, von denen ich in der untenstehenden Tabelle einige vorstellen möchte, wurden mit der Zeit dementsprechend immer komplexer.

Intelligenz ist also nicht allein das Denken, sondern sie umfaßt in starkem Maße die jeweilige Umwelt eines Menschen. Einen

Definitionen der Intelligenz
William Stern: „Intelligenz ist die allgemeine Fähigkeit des Individuums, sein Denken bewußt auf neue Forderungen einzustellen; sie ist die allgemeine geistige Anpassungsfähigkeit an neue Aufgaben und Bedingungen des Lebens.“ *David Wechsler:* „Intelligenz ist die zusammengesetzte und globale Fähigkeit des Individuums, zweckvoll zu handeln, vernünftig zu denken und sich mit seiner Umgebung wirkungsvoll auseinanderzusetzen.“ *J. P. Guilford:* „Intelligenz ist die Fähigkeit, Informationen zu verarbeiten. Dabei sind unter Informationen alle Eindrücke zu verstehen, die ein Mensch wahrnimmt.“

(nach *Brockert*)

wichtigen Aspekt sieht *Guilford* vor allem in der Informationsaufnahme und -verarbeitung. Die erfolgreiche Informationsverarbeitung entscheidet letztendlich über unsere Intelligenz. Intelligenz, wie wir sie heute sehen, kann man nur in Teilbereichen messen. Sie ist nicht durchgängig zu definieren und wir sind erst dabei, Sonderformen der Intelligenz näher kennenzulernen.

Auch die gängigen Messungen des IQ sind nicht ganz unumstritten. Die errechnete Zahl, also der IQ einer Person, zeigt nämlich nur einen kleinen Abschnitt seiner Fähigkeiten auf. Sonderbegabungen wie zum Beispiel eine hohe Leistungsfähigkeit in Mathematik werden mit dem IQ gar nicht oder nur zum Teil zum Ausdruck gebracht. Zuviel ist in den IQ hineingemixt. Ganz verzweifelte und in die Enge getriebene Psychologen haben auf die Frage „Was ist Intelligenz?“ geantwortet: „Intelligenz ist das, was der Test mißt.“

Intelligenzforschung läßt also immer noch ein weites Feld für Spekulationen offen. Immer wieder überraschen Wissenschaftler die Öffentlichkeit mit neuen Entdeckungen. Oft widersprechen sich dabei ihre Erkenntnisse. Mal wird verkündet, Intelligenz sei vererbbar. Ein andermal wird gesagt, sie sei erworben und förderbar. Aber um den Anteil an Vererbung und Entwicklung von Intelligenz zu bestimmen, bedarf es etwas mehr als der Durchführung einzelner Tests.

Es ist sicher, daß die Gene weitergegeben werden, und daß sie letztendlich den IQ eines Menschen bestimmen. Aber kann man allein aufgrund dieser Aussage auch eine Hierarchie – etwa innerhalb einzelner sozialer Schichten – ableiten? Manche Schlußfolgerungen erscheinen als viel zu simpel, wurden und werden aber immer noch zu politischen Zwecken mißbraucht (in der Vergangenheit bis hin zur Scheinlegitimation von Greueltaten). So sind zum Beispiel die Vertreter einer starken erblichen Bestimmung (Determination) der Intelligenz zum großen Teil dem rechten Flügel der Politik zuzuordnen. Linke Wissenschaftler sprechen eher von der Entwicklungsfähigkeit der Intelligenz. Sie sagen, wenn in einer Familie dasselbe Intelligenzniveau vorherrsche, müsse dies nicht allein auf Vererbung beruhen, sondern könne auch daher rühren, daß die Kinder dieselben Intelligenzanreize bekommen hätten.

Auch Umweltbedingungen sind nicht gleich. Sie unterteilen sich in die äußere Sphäre wie das Stadtviertel oder die Straße und in die Privatsphäre zu Hause innerhalb der Wohnungen.

Was ich sagen möchte ist, daß die üblichen grob vereinfachenden Rückschlüsse über die Intelligenz und deren Vererbung einfach nicht gezogen werden *können*. Wir wissen nach wie vor nicht, ob unser Meßinstrument „IQ-Test" überhaupt das richtige mißt.

Eine Alternative, die es ermöglichen würde, endgültig die Kontroverse bezüglich der genetischen Bestimmung der Intelligenz beizulegen, wäre es, genau die Gene zu bestimmen, die die Intelligenz ausmachen. Dann könnte man wirklich eine definitive Aussage machen. Denkbar wäre aber auch ein ganz anderes Ergebnis, nämlich, daß die Intelligenz in Wirklichkeit gar nicht so bedeutend ist, wie man bislang meint.

Seriöse Wissenschaftler und Psychologen gestehen sich ein, daß die gesamte Intelligenz eines Menschen wohl nicht zu messen ist. Die vom Test gemessene Intelligenz läßt lediglich Rückschlüsse auf das vorhandene Potential eines Menschen zu. Daran sollten Sie auch bei der Auswertung Ihrer eigenen Tests denken.

1.2 Was messen Intelligenztests?

Wenn der Begriff „Intelligenz“ benutzt wird, macht sich selten jemand Gedanken darüber, was sich hinter dem Wort eigentlich verbirgt.

Die Vorstellung darüber, was man nun unter Intelligenz verstehen sollte, ist weltweit verschwommen. Auch Psychologen können keine eindeutige Aussage machen.

Der Ursprung der modernen Intelligenzforschung geht auf die Jahrhundertwende zurück. Damals wurden kurze Aufgabenbatterien entwickelt, um Leistungs-, Gedächtnis- und Wahrnehmungsfunktionen zu untersuchen. Diese Aufgaben sind mit den heutigen komplexen Intelligenztests nicht vergleichbar. In relativ einfachen Anordnungen wurden Versuche unternommen, die intellektuellen Fähigkeiten von Kindern, Soldaten und psychiatrischen Patienten festzustellen.

Zu Beginn dieses Jahrhunderts beschäftigte sich der Wuppertaler Psychologe *Hermann Eppinghaus* mit der Entwicklung von Gedächtnis- und Leistungstests. Der französische Psychologe *Alfred Binet*, auf den ich bereits hingewiesen habe, gilt als der Begründer der experimentellen Psychologie. Er beschäftigte sich mit Fragen der altersbedingten Reife. Sein erster Test wurde bereits beschrieben.

Der Intelligenzquotient (IQ) wurde erstmals im Jahre 1920 von *William Stern* in Anlehnung an die Arbeiten von *Binet* eingeführt.

Bis hinein in die späten 70er Jahre versuchten Wissenschaftler unterschiedliche Intelligenzaspekte zu isolieren und diese Merkmale zuverlässig zu erfassen. Allerdings führten diese Forschungen zu einer Vielzahl unterschiedlicher Intelligenzbereiche, die wirklich nur noch mit statistischen Methoden in grundlegende und voneinander unabhängige Dimensionen zu trennen waren. In diesem Buch werden deshalb auch nur ganz bestimmte Intelligenzdimensionen angesprochen.

Im Laufe der Zeit entwickelten sich jedoch verschiedene und zum Teil auch sich widersprechende Ordnungssysteme heraus. So definiert der amerikanische Psychologe *Guilford* ca. 120 voneinander unabhängige Intelligenzfaktoren.

Charles Spearman dachte statt dessen, daß er die Intelligenz durch zwei Faktoren bestimmen und sie mit den Faktoren „g“ und „s“, für „general sense“ ersetzen könnte. Dieser Faktor würde die generelle geistige Leistungsfähigkeit der untersuchten Person bestimmen. Viele Argumente sprechen für die Intelligenz als einen einzigen Faktor; andere gehen von vielen verschiedenen Faktoren aus.

Das heute gebräuchlichste Modell der Intelligenz ist das von *Thurstone*. Er geht von wesentlichen Komponenten der Intelligenz aus, wie Gedächtnis, Handlungsintelligenz oder praktische Intelligenz, optische Aufnahmefähigkeit, logisches Denken und verbale Intelligenz. Unschwer wird man diese Komponenten in unseren Intelligenztests in diesem Buch wiedererkennen können.

Der Hamburger Psychologieprofessor *Kurt Pawlik* fand in den 70er Jahren folgende Intelligenzbereiche, die voneinander relativ unabhängig sind.

Intelligenzbereiche nach Pawlik

- Faktoren der räumlichen Vorstellung wie: Veranschaulichung, räumliche Beziehungen, räumliche Orientierung;
- Faktoren des Sprachverständnisses und der Rechenfertigkeit;
- Faktoren der Wort- und Ausdrucksflüssigkeit;
- Faktoren der Flexibilität des Denkens;
- Faktoren des logischen Denkens.

Die Frage nach einem Generalfaktor in der Intelligenz wurde aufgrund dieser Erkenntnisse immer weiter zurückgedrängt. Wenn es ihn gibt, dann hat er in der Praxis nur noch eine geringe Bedeutung.

Mit einem der gebräuchlichsten Testverfahren, zum Beispiel dem Intelligenz-Struktur-Test (IST) des deutschen Psychologen *Rudolf Amthauer* oder mit dem *Wilde*-Intelligenz-Test (WIT) lassen sich sowohl einzelne Intelligenzdimensionen als auch der gesamte Intelligenzquotient ermitteln.

Der Intelligenz-Struktur-Test umfaßt, ähnlich wie der *Wilde*-Intelligenz-Test (vgl. Kap. 1.8 auf Seite 33ff.), viele verschiedene Untertests. Diese bestehen zum Beispiel aus den Bereichen: Satzergänzung, Wortwahl, Analogien, Gemeinsamkeiten, Merkaufgaben, Rechenaufgaben, Zahlenreihen und Figurenauswahl.

Der Test, der in Einzel- und Gruppensitzungen durchgeführt wird, dauert etwa eine Stunde. Daneben gibt es noch einige für die Praxis bedeutende Tests, nämlich den Mannheimer-Intelligenz-Test (MIT) oder den Hannover-Wechsler-Intelligenztest (HAWIE).

Zusammenfassend kann man sagen, daß es uns bis heute noch nicht gelungen ist, Intelligenz im Gehirn zu lokalisieren. Bekannt sind aber bestimmte sehr leistungsfähige Zentren. So zum Beispiel Sprachzentrum, Hörzentrum, Gleichgewichtszentrum etc.

Alle Forschungen deuten auf eine globale Bedeutung des Organs Gehirn hin. Das Gehirn ist komplex wie ein Universum. Einige Zentren des Gehirns sind außerordentlich spezialisiert, d.h. in einem kleinen Bereich werden ganz spezielle Funktionen erledigt, während sich andere Funktionen über ein weites Areal verteilen. So erfordert zum Beispiel die Funktion des „Wiedererkennens“ ein solches Areal. Die Funktion des Kurzzeit- und Langzeitgedächtnisses sind voneinander unabhängig, obwohl sie eng zusammenarbeiten.

Auch wenn eine Struktur klar erkennbar und lokalisiert ist, ist es zweifelhaft, von einem „Sprachzentrum“ zu reden. Vielmehr gehört zur sprachlichen Intelligenz mehr als nur ein einziges Zentrum. Der zuvor erwähnte Faktor „g“ könnte weiterhelfen; er unterteilt zum Beispiel gewonnene sprachliche Eindrücke in „bekannt“, „unbekannt“, „gut“ oder „schlecht“.

Was messen nun Intelligenztests wirklich? Ein großer Teil der Tests mißt unsere logischen Fähigkeiten, das Gedächtnis, grundsätzliche Kenntnisse unserer Kultur, praktische Fähigkeiten, Schul- und Allgemeinwissen, sprachliche Ausdrucksfähigkeit und Auffassungsgabe.

Die Gestaltung und der Ausbau von Tests ist durchaus nicht unumstritten, deren Inhalt ist diskutabel und hängt von den Zielen des jeweiligen Testautors ab. Um aus einem IQ-Test den sozialen Erfolg eines einzelnen ablesen zu können, bedarf es zusätzlicher Informationen. So einfach ist ein IQ-Test eben doch nicht als Meßinstrument zu benutzen.

1.3 Wie ist Intelligenz verteilt?

Neben der Entwicklung von Intelligenztests haben wir der Wissenschaft auch die Kenntnis der „Verteilung“ von Intelligenz zu verdanken.

Doch warum ist das Wissen darüber eigentlich so wichtig? Nehmen wir an, daß Intelligenz auf der einen Seite ein rares Gut, auf der anderen Seite aber für die Volkswirtschaft genauso wichtig ist wie etwa seltene Rohstoffe. Ja, daß Intelligenz zum Teil Rohstoffe ersetzen kann und hilft, mit dem Wenigen, das vorhanden ist, den größtmöglichen Nutzen zu erzielen. Dann sehen wir sofort, wie sehr das „Pflänzlein“ Intelligenz entdeckt, gehegt und gefördert werden muß.

Tatsächlich befinden wir uns in einer solchen Situation. Intelligenz ist im Bevölkerungsdurchschnitt nicht gleichmäßig verteilt, sondern folgt dem Gesetz der Gaußschen Normalverteilung. Es gibt nur sehr wenige Menschen mit einem sehr geringen Intelligenzquotienten und ebenfalls sehr wenige mit einem sehr, sehr hohen. Personen mit geringer und solche mit guter Intelligenz sind ebenfalls weniger häufig anzutreffen. Beherrschend hingegen ist das Mittelmaß. Beinahe 70 Prozent der Bevölkerung liegen zwischen 85 und 115 IQ-Punkten. Die unten abgebildete Graphik zeigt die durchschnittliche Verteilung des Intelligenzquotienten in der Bevölkerung.

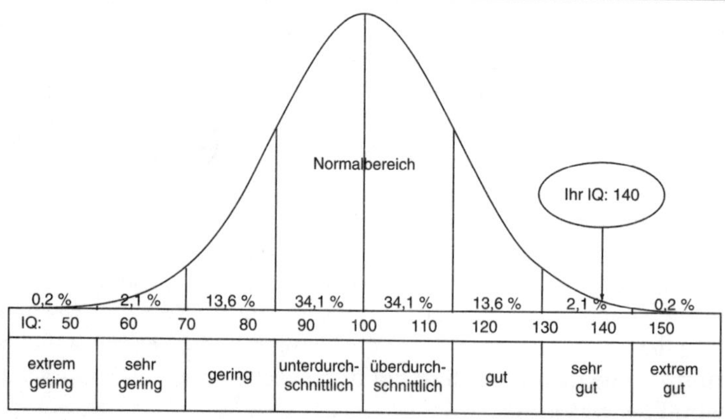

Verteilung von Intelligenz nach der Gaußschen Normalverteilungskurve: Extrem geringe und extrem gute Intelligenz: 0,2 %, sehr geringe und sehr gute Intelligenz: 2,1 %, geringe und gute Intelligenz: 13,6 %, unterdurchschnittliche und überdurchschnittliche Intelligenz: je 34,1 %

(nach *Pegastar)*

Richtig ist sicher der Vorwurf, daß Intelligenztests nicht jene persönlichen Variablen wie Ausdauer und Fleiß erfassen, die ebenfalls ein Kriterium für Erfolg und Karriere darstellen. Um diese Parameter zu erfassen, gibt es eine Reihe anderer Tests; Intelligenz ist nur eine Sparte in der gesamten Bandbreite der Persönlichkeit.

Menschen mit einem niederen IQ haben keinen Erfolg bei Tätigkeiten, die hohe geistige Anforderungen stellen. Diese Regel kennt keine Ausnahme, man könnte sie als ein psychologisches Gesetz bezeichnen. So gesehen, ist Intelligenz die Voraussetzung für Erfolg. Weder Ausdauer, noch Fleiß, noch Zähigkeit können Intelligenz ersetzen. Andererseits darf man aber nicht davon ausgehen, daß alle, die eine gewisse Intelligenzstufe erreicht haben, auch erfolgreich sind. Denn Intelligenz ist zwar eine notwendige, nicht aber eine hinreichende Eigenschaft für Erfolg oder Karriere.

Neben den inneren Voraussetzungen setzen auch äußere Umstände enge Grenzen für den Erfolg im Leben. So beeinflussen, wie bereits gesagt, Ausdauer und Fleiß den eigentlichen Werdegang entscheidend mit. Hinzu kommen soziale Faktoren, Umwelt und Förderung. Am zutreffendsten sind Ergebnisse der Intelligenztests im Umfeld von Schule und akademischen Berufen. Je weiter sich die Forschung von diesen Feldern entfernt, desto geringer wird die Aussagekraft eines Intelligenztests für den beruflichen Erfolg.

Doch kommen wir auf die eingangs gestellte Frage zurück, wie Intelligenz verteilt ist.

Gewöhnlich erwarten wir nicht, daß sich Intelligenz nach sozialen Schichten richtet; trotzdem scheint es so zu sein. Intelligenztests, die mit Angehörigen verschiedener Berufszweige gemacht werden, zeigen, daß verschieden qualifizierte Berufsgruppen auch verschiedene Ansprüche an die Intelligenz des einzelnen stellen.

In der nachfolgenden Tabelle sind acht verschiedene Berufsgruppen und deren durchschnittlicher Intelligenzquotient dargestellt. Die Ergebnisse wurden in den Vereinigten Staaten festgestellt, sind aber in jedem Fall mit einer gewissen Vorsicht zu genießen. Lassen Sie sich nicht zu Pauschalurteilen nach dem Motto „Ein Arbeiter ist dümmer als ein Akademiker“ hinreißen. Die hier vorgestellten Erkenntnisse beruhen auf durchschnittlichen Werten und können im Einzelfall erheblich abweichen! Auch hier richtet sich die Statistik immer am Mittel aus. Wir alle kennen Fälle von hochintelligenten Menschen, die ganz bewußt aus der Gesellschaft ausgestiegen sind oder in einfachen Berufen arbeiten, und andererseits von Emporkömmlingen mit nur mittelmäßiger oder sogar geringer Intelligenz, aber mit der berühmten „goldenen Nase“ für geschäftliche Aktivitäten.

Verteilung von Intelligenz in unterschiedlichen sozialen Schichten		
Berufsgruppe und soziale Schicht	*durchschnittlicher IQ der Eltern*	*durchschnittlicher IQ der Kinder*
Oberschicht Höhere Verwaltungsberufe und Akademiker (Oberschicht)	122	120
Höhere Mittelschicht Verwaltungsberufe, Techniker, leitende Angestellte	117	115
Mittlere Mittelschicht Angestellte, hochqualifizierte Facharbeiter	109	105
Untere Mittelschicht Gelernte Berufe, Handwerker	100	98
Obere Unterschicht Angelernte Arbeiter, ungelernte Handwerker	97	98
Mittlere Unterschicht Ungelernte Arbeiter, Hilfsarbeiter	87	92
Untere Unterschicht Gelegenheitsarbeiter	82	89
Kranke, Anstaltsinsassen	57	67

Betrachten wir die Werte der Eltern, so können wir ziemlich eindeutig eine Zuordnung zwischen sozialer Schicht und durchschnittlichem Intelligenzgrad feststellen. Allerdings sollte uns das nicht dazu verleiten zu sagen, daß jeder aus dieser sozialen Schicht einen speziellen schichtspezifischen IQ hat. Das trifft nicht zu! Jede soziale Schicht beherbergt hochintelligente und weniger intelligente Menschen. In der oben dargestellten Tabelle wird, wie gesagt, nur der Durchschnitt einer Schicht aufgeführt. Überschneidungen können in jedem Fall auftreten.

Es ist also extrem schwierig, im Einzelfall aufgrund der Intelligenz die soziale Schicht oder den Beruf vorherzusagen. Doch es ist insgesamt wahrscheinlicher, daß ein hochintelligenter Mensch einen anspruchsvollen akademischen Beruf ergreift als ein nur mittelmäßig Intelligenter.

Betrachten wir den IQ der Kinder in der obigen Graphik, so sehen wir, daß dieser ziemlich eindeutig zur Mitte strebt.

Auch hier zeigt sich das Phänomen, daß die mittlere Bildung, der mittlere IQ dominiert. Warum das so ist, habe ich bereits dargestellt.

1.4 Das Lernklima dominiert den IQ

Neben den oben genannten Intelligenzbereichen können noch weitere Fähigkeiten des Gedächtnisses und der Kreativität die Intelligenz beeinflussen. Je besser das Gedächtnis ist, desto größer ist die Chance, einen Test gut zu bestehen.

Zu den genannten internen Faktoren treten außerdem noch externe Faktoren hinzu, die der sozialen Umwelt zugeordnet werden können. Diese externen Faktoren fördern die Intelligenzentwicklung oder hemmen sie.

Zu den fördernden Einflüssen gehören Lob, Anreiz, Ehrgeiz, Entscheidungsfreiheit, Anerkennung, das Zulassen von Fehlern, ein finanziell gesicherter Hintergrund, die Akzeptanz von Interessen oder individuelle Förderungsmöglichkeiten. Hemmende Einflüsse sind Verweis, Tadel, Strafe, Langeweile, mangelndes Selbstwertgefühl, mangelnder Ehrgeiz und geringe Belastbarkeit. Diese fördernden und hemmenden Faktoren werden unter dem Begriff „Lernklima" zusammengefaßt.

In den „Lernzentren" der Welt mißt man dem Lernklima große Bedeutung bei. So startete das Massachusetts Institute of Technology ein Programm, das EDUCARE genannt wird. Es soll speziell das Lernklima und neue effektive Maßnahmen zur Intelligenzförderung entwickeln. Dies steht im Zusammenhang damit, daß die USA eine Bildungsinitiative gestartet haben, um langfristig zu versuchen, auf dem Weltmarkt mit neuen Produkten verlorenes Terrain wiederzugewinnen. Intelligenzförderung kann nur breite Basisarbeit und gezielte Förderung bedeuten.

Angesichts des Niedergangs des landläufigen Schulwesens hat sich ein Netz engagierter Pädagogen und Hochschulforscher am

Organizational Learning Centre des Massachusetts Institute of Technology herausgebildet, das den Grundlagen der Intelligenz auf die Spur kommen will. Ohne daß das Lernen vollkommen neu gesehen wird, kann es keinen Ansatz zur Intelligenzentwicklung geben, so eine der von den Wissenschaftlern vertretenen Thesen.

Ein Treffen zur Projektkoordination fand Ende 1994 statt. Projektmitarbeiter *Professor Lynn Dority* beantwortete dabei einige wichtige Fragen zu der zukünftigen Entwicklung des Lernens, des Lernklimas und der Intelligenzentwicklung.

*F: Warum sollte man sich heute grundsätzlich mit Fragen der Erziehung, Intelligenz, Bildung und Ausbildung auseinandersetzen?

*D: Unser heutiges Leben ist durch seine Schnellebigkeit gekennzeichnet. Wir sehen uns mit Konflikten in der Dritten Welt konfrontiert, die wir nicht mehr in den Griff bekommen. Die Zerstörung unseres Planeten schreitet unaufhaltsam voran. Unser Denken und unsere Intelligenzstrukturen sind hingegen auf einem Niveau geblieben, das einfachste Strukturen erfassen kann. Zum Beispiel Angst vor dem Feuer, die Gefährdung durch wilde Tiere und die Sorge um die tägliche Ernährung. Dabei haben wir nicht gelernt in einer technisierten Welt zu überleben und halten an veralteten Konfliktlösungsmodellen fest.

F: Was ist der Grund, warum man in den USA die Initiative EDUCARE ins Leben gerufen hat?

D: Wir sehen, daß unsere Schulen keine adäquate Erziehung zur praktischen Intelligenz und zur Konfliktlösung anbieten. Wir denken, daß das unser persönliches Problem sei. Das ist aber falsch; die Schulen sind selbst ein Teil des Problems. Ihr Erziehungsziel ist Anpassung, Unterordnung und Folgsamkeit. Intellektuelle Fähigkeiten werden nicht gefördert.

F: Was will das EDUCARE-Projekt dem entgegensetzen?

D: Das Projekt EDUCARE versucht eigenes, persönliches Handeln als Maxime der gesamten Intelligenzentwicklung zu verwirklichen. Das bezieht auch soziales Lernen mit ein. Intelligenz also nicht nur als Einzelleistung, sondern auch als Grup-

*F = Frage; *D = Prof. Dority

penleistung und Rückbesinnung auf das, was insgesamt notwendig ist.

F: Das ist nichts Neues, bereits Maria Montessori zeigt Ansätze, die in diese Richtung gehen, und Summerhill ist auch nicht weit davon entfernt.

D: Genau das ist aber der richtige Weg. Da kann man optimistisch in die Zukunft sehen. Zugleich möchte ich nicht verneinen, daß eine Umorientierung des Lernens auf den Lernenden und damit die Hinwendung zur eigenen Intelligenzentwicklung auch eine Herausforderung an die Pädagogik und an die Curriculumentwicklung darstellt. Erfolge dieser Orientierung sind heute schon sichtbar. So können Schüler mit einem schwachen Kurzzeitgedächtnis schon nach einem kurzen Training mehr als zwanzig neue Worte in fünf Minuten lernen. Nicht Kreative erlernten Musik oder Malen innerhalb weniger Stunden.

F: Was sind die Grundprinzipien, auf die man diese effektiven Intelligenzleistungen zurückführen könnte?

D: Die vier wichtigsten Grundprinzipien sind autonom gesteuertes Lernen, konstruktives Denken, spielerisches Lernen und systematisches Denken. Die Intelligenzentwicklung setzt sich also aus Eigensteuerung und spielerischen Elementen zusammen, die die Basis legen zu der generellen Weiterentwicklung der Intelligenz.

F: Gibt es so etwas wie übergeordnete Werte oder Strategien, die zu einer optimalen Verwendung unseres Intelligenzpotentials nötig sind?

D: Ja, es gibt solche Strategien. An erster Stelle steht für mich das kooperative Lernen. Es zeigt uns, wie gemeinsame Überlegungen zu synergetischen Effekten führen. Kulturell bedingte Meister beim Kooperativen Lernen sind die Japaner, die sehr häufig über „Gruppendenken“ und über gemeinsame Entscheidungen zum Ziel gelangen. Eine weitere Strategie ist die Akzeptanz von „Mehrfachintelligenz“. Wenn wir zum Beispiel an das Ende eines Problems kommen und es als unlösbar klassifiziert haben, betrachten wir es als erledigt. Trotzdem ist es dann wichtig, einen neuen Anfang zu starten, indem wir versuchen sollten, neue Wege als Zugang zu einem alten Problem zu finden.
Besondere Bedeutung kommt dabei sogenannten „multikulturellen“ Lektionen oder Kombinationen zu. Wenn wir es verste-

hen, uns dem kulturellen Erbe anderer Gesellschaften zu öffnen, können wir sowohl Gefühl, als auch Verständnis und Intelligenz erweitern.
„Ganzheitliche Lernstrategien“ lenken uns hin zu der komplexen Aufnahmefähigkeit unseres eigenen Körpers. Wir nehmen alles mehrfach wahr. Bilder, Farbe, Geruch, Rhythmen, Musik, Bewegung und Geschmack. Ganzheitliches Lernen ermöglicht es, Wörter mit Situationen untrennbar und unvergeßlich zu verknüpfen. Wir erhöhen damit unsere intellektuelle Leistungsfähigkeit und unsere Intelligenz erheblich.

F: Was sie im Moment erläutert haben, sind Lernmethoden zur Erhöhung der Intelligenz. Ergeben sich darüber hinaus auch Änderungen für das Verhalten?

D: Innovationen, die von EDUCARE verfolgt werden, beschränken sich nicht auf die Lernmethodik, sondern schließen auch das Lernen selbst mit ein. Bildungsangebot und Lernangebot sind ein offener Tisch, auf dem die Lehrfelder für den Lernenden ausgebreitet werden. Wie müssen diese letztendlich aussehen, damit sich wirklich dauerhafte Lernerfahrungen für jedermann entwickeln können und zwar so, daß unmittelbar eine Erhöhung des intellektuellen Niveaus ermöglicht wird?

F: Wird dieses Ziel jemals erreicht werden?

D: Man könnte sich Bildungseinrichtungen vorstellen, die mitlernen. Die sich dem Ziel der persönlichen Weiterentwicklung ihrer Schüler verschrieben haben. Gelernt werden sollten Strategien zum Wissenserwerb, systematisches Denken und der Umgang mit verschiedenen Praxisfeldern. Zu erkennen ist das Netz oder das Muster hinter dem Faktenwissen.

F: Welche Aufgaben sehen sie noch im Projekt EDUCARE?

D: Das Projekt ist eng mit dem Organizational Learning Center des MIT verbunden, und es versteht sich als Lernlabor und zugleich als Sammelstelle für die zuvor genannten Ideen und Initiativen. Unser Ziel wird es sein, mit Hilfe universeller Lernfelder, die im Moment in Grundlagenforschung entwickelt werden, Schulen, Unternehmen und Weiterbildungseinrichtungen mit wirksameren Strategien zur Intelligenzentwicklung zu versorgen.

(nach *Hartkemeyer* 1994)

1.5 Merkmale hochbegabter Kinder

Weil sehr hohe Intelligenz so selten vorkommt, lernen wir sie kaum kennen und wissen auch nicht damit umzugehen. Wir sind es gewohnt, mit Menschen umzugehen, die einen durchschnittlichen oder geringen Intelligenzquotienten aufweisen.

Für diese stehen eine große Menge sozialer Einrichtungen zur Verfügung: Sonderschulen, Fördereinrichtungen und -zentren. Für die Hochbegabten tun wir hingegen wenig.

Von der Förderung im musischen, wissenschaftlichen und sportlichen Bereich abgesehen, die in einigen wenigen Zentren geleistet wird, kümmern wir uns um unsere Hochbegabten kaum. Und das, obwohl etwa 80 Prozent aller Erfindungen und wissenschaftlichen Innovationen von Hochbegabten und Kreativen gemacht werden.

Wir stehen heute dem seltsamen Phänomen gegenüber, daß wir zwar viel über Minderbegabungen und Defizite wissen und daran arbeiten, diese auszugleichen, daß wir aber auf der anderen Seite kaum etwas über hohe Begabungen und deren Förderung wissen. Das ist dem irrigen Glauben zu verdanken, daß sich das „Genie“ von alleine durchsetzen wird. Leider trifft das aber in den wenigsten Fällen zu. Die Erforschung von Lebensläufen „zufällig“ entdeckter Genies zeigt allzuoft, daß junge Hochbegabte unter dem gängigen Schulsystem leiden. Es ist auf das Mittelmaß zugeschnitten und produziert auch zum großen Teil Mittelmäßiges. (Auch wenn von Lehrern und Schulbehörden vollmundig das Gegenteil behauptet wird.)

Viele Untersuchungen zeigen, daß Lehrer und Erziehungspersonal nur in ungefähr der Hälfte der Fälle eine Hochbegabung bei Kindern erkennen können. Die meisten dieser Hochbegabten sind schulisch angepaßt und unauffällig.

Es ist häufig so, daß weniger Begabte gefördert und Hochbegabte gebremst werden. Das übrigens hat oft zur Folge, daß gerade Hochbegabte am Schulsystem scheitern, kein Interesse an der alltäglichen Unterforderung haben und letztendlich innerlich aus dem Unterricht aussteigen. Damit sind sie dann für die Schullaufbahn endgültig verloren, wenn ihnen nicht irgendwann der Wiedereinstieg in das System gelingt, denn Lebenschancen werden durch schriftliche Zertifikate vergeben. Wer diese nicht vorweisen kann, nimmt an keiner Förderung, an keiner weiteren Ausbildung und damit letztendlich auch nicht am Arbeitsprozeß teil. Das heißt mit anderen Worten, nur hochbegabte Kinder, die zugleich auch die notwendige schulische Anpassungsfähigkeit entwickelt haben, werden wirklich als solche erkannt.

Durchforscht man die Lebensläufe Hochbegabter, so scheinen Schulschwierigkeiten beinahe eine zwingende Folge der Hochbegabung zu sein. *Churchill, Einstein, Schiller, Luther* (der das Neue Testament innerhalb von zwei Monaten übersetzte), *Gauß* und *Keppler* – alle hatten Schwierigkeiten in der Schule oder galten an der Universität als Querköpfe. Mozart ging gleich gar nicht in eine Lehranstalt, sondern erhielt privaten Unterricht.

Ein Schüler oder ein Student kann bei ausreichender Intelligenz sehr wohl durch das Examen fallen, wenn es ihm an Ausdauer fehlt. Ein gewisses Maß an Fleiß muß immer investiert werden, um ein Gebiet zu beherrschen. Allerdings sind nun intelligentere Kinder keineswegs weniger arbeitsfreudig als minderbegabte. Sie lassen sich aber schneller langweilen, wenn Anreize durch Neues fehlen und die Wiederholungen eines Stoffes nicht eher aufhören, als bis ihn auch der Letzte begriffen hat.

Bitte verstehen Sie mich nicht falsch. Es geht hier nicht darum, durchschnittlich oder weniger Begabte schlecht zu machen, sondern allein um die Frage, wie man hochintelligente Menschen fördern kann. Denn auch sie benötigen Förderung, damit sie sich zu ihrer vollen Leistungsfähigkeit entwickeln können. Unsere Welt braucht dringend alle Kreativität und all die Entwicklungen von Menschen, die dazu beitragen können, die anstehenden Probleme in allen Bereichen zu lösen. Es ist nicht nur schade, sondern geradezu verwerflich, diese menschlichen Potentiale nicht zu nutzen.

Übrigens: Sie selbst können mit Hilfe der Tests in diesem Buch feststellen, ob Ihr Kind hochbegabt ist. Das gilt auch dann, wenn Ihr Kind in der Schule schlechte Noten hat. Unsere Tests sind für Kinder ab 14 Jahren geeignet.

Wie sehen sich hochbegabte Kinder selbst?

Hochbegabte Kinder selbst sehen sich als „fremd" an, als „andersseiend" oder „andersartig". Diese verfremdete Selbstwahrnehmung rührt daher, daß diese Kinder in vielen geistigen und intellektuellen Fähigkeiten den anderen Kindern voraus sind.

Die beiden Begabungsforscher *Aiga Stapf* und *Kurt H. Stapf* charakterisieren das Verhalten von hochbegabten Vorschulkindern folgendermaßen:

1. Überragende Lern- und Begriffsleistungen sowie hohe Lerngeschwindigkeit bei sie interessierenden Aufgaben;
2. selbständiges Lesenlernen zwischen dem 2. und 5. Lebensjahr;
3. sehr (elaboriertes) frühes Sprechen: dabei ist nicht der Zeitpunkt des Sprechbeginns wichtig, sondern die enorme Geschwindigkeit, mit der die Kinder Fortschritte erzielen, wenn sie angefangen haben zu sprechen (z.B. Zwei- oder Drei-Wort-Sätze, relativ komplizierter Satzbau);
4. intensive Beschäftigung mit numerischen, klassifikatorischen, gliedernden und ordnenden Tätigkeiten, ebenso Umgang mit Symbolen und abstrakten Konzepten;
5. überragende Gedächtnisleistungen;
6. hohe Konzentration (Fokussierung) und außergewöhnliches Beharrungsvermögen (Persistenz) bei zumeist selbstgestellten intellektuellen Aufgaben.

(nach *Stapf/Stapf*)

Als Anmerkung ist bei dieser Aufstellung hinzuzufügen, daß diese Verhaltensweisen in besonderem Ausprägungsgrad nur bei Hochbegabten zu finden sind, aber nicht ausschließlich bei diesen.

Vermutlich weichen hochbegabte Kinder nicht nur in ihrer Auffassungsgabe und Verarbeitung von Informationen/Eindrücken von anderen Kindern ab, sondern befinden sich auch in der Intensität und der Qualität der Informationsverarbeitung und der Rekombination auf einem anderen Niveau.

Für den weiteren Entwicklungsverlauf der hochbegabten Kinder stellen *Stapf* und *Stapf* folgende These auf: „Nach unserer Auffassung ist bei kritischer Sicht aller Befunde für Hochbegabte nicht einfach eine beschleunigte Entwicklung kennzeichnend, also Frühreife gegeben, sondern hochbegabte Kinder operieren von Geburt an auf einem höheren, qualitativ anderen Niveau" (*Stapf* und *Stapf* 1988).

Auch die sozial-emotionale Entwicklung hochbegabter Kinder hält sich auf einem anderen Niveau. Oft ist eine extreme soziale Empfindsamkeit gegenüber Einstellungen, Werten und moralischen Normen zu beobachten.

Bei der Wahl der Freundschaften werden durchweg ältere Kinder oder Kinder, die zur Klassenspitze gehören, bevorzugt. Ergebnisse von Persönlichkeitsfragebögen weisen darauf hin, daß ältere Kinder den hochbegabten in emotionaler Hinsicht näher liegen als gleichaltrige. Insgesamt scheinen sich Hochbegabte jedoch im Hinblick auf ihre soziale Anpassung nicht von den übrigen Kindern zu unterscheiden.

Wie wird nun aus einem hochbegabten Kind ein intellektuell herausragender Leistungsträger für unsere Gesellschaft?

Zwei Bedingungen, die in unserer Gesellschaft immer rarer werden, müssen dabei erfüllt sein:

1. hochspezifische Muster, Fähigkeiten und Persönlichkeitsmerkmale;
2. optimale Umweltbedingungen in einer intakten Familie.

Während die zuerst genannten Bedingungen vom Kind selbst eingebracht werden müssen, sind für den zweiten Komplex Eltern, Erzieher und Lehrer verantwortlich.

Erfolgreiche Hochbegabte fand man fast ausschließlich in intakten Elternhäusern. Dabei hatten die Eltern eine warme, liebevolle Beziehung mit Unterstützung und Verständnis für die kindlichen Interessen und Bedürfnisse entwickelt. Diesem Ideal entsprachen vor allem Eltern mit höherer Bildung und einem höheren sozioökonomischen Status.

„Die schulische Sozialisation, der Lehrer, aber auch die Klassenkameraden spielen eine wichtige Rolle. Ein absichtliches Herunterspielen der Leistung auf ein Durchschnittsniveau, um sozial anerkannt und beliebt zu bleiben, ist sicher nicht selten. Enttäuschung über die für sie langweilige Schule und die daraus resultierende Unterforderung sind die häufigste Ursache für eine Schulleistungsverweigerung“ (*Stapf* und *Stapf* 1988).

Wird die Hochbegabung nicht erkannt und vor allem nicht anerkannt, so hat dies häufig zur Folge, daß beim Kind Demotivierung und manchmal sogar Verhaltensstörungen auftreten.

1.6 Leistung und Intelligenz

Wer im Beruf wirklich aufsteigen möchte, benötigt Selbstdisziplin, Motivation und Intelligenz. Das zumindest behaupten viele Personalchefs. Intelligenztests haben sich bisher als die gebräuchlichsten Instrumente erwiesen, um das zukünftige Personal rasch und gezielt auszuwählen.

Nahezu alle Schüler und Schülerinnen, die sich heute um einen Ausbildungsplatz in einem größeren Industriebetrieb bewerben, müssen zum Teil recht umfangreiche Tests über sich ergehen lassen. Eine weitere Teststufe erfolgt bei der Einsatz- und Laufbahnplanung und schließlich auch bei der Bewerbung um eine Führungsposition. Dabei kommen neben reinen Intelligenz- auch Leistungs- und Berufseignungstests zum Einsatz.

Der Vorteil dieses massiven Einsatzes liegt auf der Hand. Die Ergebnisse sind unabhängig von subjektiven Einflüssen des Beurteilers. Sie sind hochgradig standardisiert, weitgehend objektiv, und sie bringen auch bei Wiederholung stabile Ergebnisse. Daher gelten Tests als sichere Beurteilungsgröße in allen Arten der beruflichen Bewerberauswahl.

Heute kann man durch einfache Tests relativ sicher vorhersagen, ob jemand in der Lage ist, gut im Kopf zu rechnen, ob er einen großen Wortschatz besitzt und ob er über ein ausreichendes Allgemeinwissen verfügt. Man kann die Konzentrationsfähigkeit und die Kombinationsleistung untersuchen und prüfen, ob ein Bewerber logisch denken kann.

Bei Tests in der Bewerberauswahl geht es weniger darum, einen IQ festzustellen, als darum, Rückschlüsse auf das zukünftige berufliche Verhalten zu ziehen.

Insofern ist es heute nur angemessen, bei der Berufsberatung und -auswahl Psychologen hinzuzuziehen, damit wirklich jede(r) seine angemessene Chance für einen optimalen Berufseinstieg erhält. Tests helfen zudem, Mißerfolg und Enttäuschungen zu verhindern. Man tut niemandem einen Gefallen, wenn man ihn in eine Berufsrichtung drängt, für die weder die Begabung noch das Interesse vorhanden sind. Doch sehen wir uns noch einmal genauer an, welche Arten von Tests – außer dem klassischen Intelligenztest – bei der Bewerberauswahl eingesetzt werden.

Leistungstests

Es sind vor allem Leistungstests, die sich neben die bisher beschriebenen Intelligenztests stellen lassen. Darunter fallen auch allgemeine Entwicklungstests und Schultests. Der Begriff „Leistungstest“ wird vor allem bei Tests verwendet, die psychische Energie erfordern, wie zum Beispiel Konzentration, Aufmerksamkeit, Ausdauer, motorische Leistung, optische Wahrnehmung,

Hören usw. Ein typisches Beispiel für Tests dieser Art ist der Konzentrations-Leistungstest (KLT) von *Düker* und *Lienert* (1965).

Beim KLT geht es um die Koordination von so verschiedenen Tätigkeiten wie Auffassung, Rechnen, Merken, Vorstellen und Entscheiden. Die Berufsanwärter müssen einfache Rechenaufgaben durchführen und dabei bestimmte Regeln beachten.

Das Ziel bei diesen Tests ist es, möglichst viele Aufgaben in der vorgegebenen Zeit zu erledigen. Je besser sich ein Kandidat konzentrieren kann, desto besser wird sein Testergebnis sein, desto schneller werden die Rechenaufgaben bearbeitet werden.

Ein weiterer Test, der häufig in der Berufsberatung eingesetzt wird, ist der Aufmerksamkeits-Belastungstest (d2) von *Brickenkamp* (1972). Der Test mißt Schnelligkeit und Genauigkeit bei der Unterscheidung von ähnlichen optischen Reizen. Die Bewerber bekommen dazu verschiedene Buchstabenreihen vorgelegt, bei denen sich die Buchstaben nur durch graphische Details unterscheiden. In einer zuvor festgelegten Zeit müssen sie möglichst viele vorgegebene Buchstaben richtig erkennen und markieren. Der d2-Test wird sehr gerne in der Berufsberatung eingesetzt, aber auch bei der Auswahl von Personal im Betrieb (häufig in der Kombination mit Intelligenztests).

1.7 Intelligenztraining

Wie jedes andere menschliche Merkmal, so ist auch Intelligenz eine veränderbare Größe. Sie verändert sich bei Kindern mit jedem Lebensjahr und ebenso bei Erwachsenen. Studien haben zudem gezeigt, daß sich Intelligenz und Leistung in gewissen Grenzen trainieren lassen.

Dies betrifft vor allem einen Aspekt der Testleistung, nämlich die Routine und Sicherheit im Hinblick auf die Lösung von Testaufgaben. Damit läßt sich in der wirklichen Auswahlsituation ein nicht unerheblicher Zeitvorteil gewinnen. Während der untrainierte Testkandidat sich erst einarbeiten muß, kann der trainierte Kandidat sich sofort um die weitaus wichtigere Aufgabe kümmern, nämlich um die Lösung des vorgegebenen Materials.

Die Tests in diesem Buch werden Ihnen dabei helfen, sich in die Test-Situation einzuleben und auch die wichtigsten Aufgabentypen kennenzulernen, denen Sie sich gegenübersehen könnten. Der wichtigste Faktor im Testfall ist die Konzentration, mit der Sie sich den Aufgaben widmen. Stellen Sie also sicher, daß Sie bei der Lösung der Aufgaben nicht gestört werden und nehmen Sie sich ausreichend Zeit. Es ist in jedem Fall besser, am Anfang zunächst das Zeitlimit zu überschreiten, als um jeden Preis zum richtigen Zeitpunkt fertigzuwerden und dann viele Fehler zu begehen.

1.8 Wie wurden die IQ-Tests in diesem Buch entwickelt?

Weil offizielle Intelligenztests sorgfältig geschützt sind, und Sie diese nicht auf dem freien Markt erwerben können, wurden die Intelligenztests in diesem Buch von einem Entwicklungsteam erarbeitet.

Jede einzelne Aufgabe wurde entworfen und von einer größeren, statistisch bedeutsamen Gruppe von Personen zwischen 13 und 45 Jahren gelöst. Alle Aufgaben wurden anschließend nach ihrem Schwierigkeitsgrad geordnet. So konnte zum Schluß ein kompletter IQ-Test vorgelegt werden.

Verschiedene Berufsgruppen nahmen dann an der zweiten Überprüfungsphase der Tests teil. Die Leistungen, die dabei erzielt wurden, kamen als statistische Größen in eine zweite, d.h. in die engere Revision.

Auch Sie können mithelfen, die im Buch enthaltenen Tests weiter zu verbessern. Senden Sie den im Anhang aufgeführten Rückmeldebogen an den Verlag zurück. Sie ermöglichen es uns so, nötige Anpassungen vorzunehmen.

Welches Intelligenzmodell liegt den Tests zugrunde?

Jeder IQ-Test benötigt eine Grundlage und eine Theorie, auf der er basiert. Einige Theorien wurden bereits im ersten Teil dieses Kapitels angesprochen. Doch wie sieht die Umsetzung einer Theorie konkret aus?

In der nachfolgenden Tabelle ist eine Darstellung des hier verwendeten Intelligenzmodells zu sehen. Alle Fragen der Tests in diesem Buch beruhen auf diesem theoretischen Modell. Seine Struktur ist den derzeitig gängigen Intelligenztests angeglichen. So können Sie bei Berufseignungs- oder Intelligenztests keine bösen Überraschungen mehr erleben. Ihnen ist der Aufbau und die Struk-

Modell eines Intelligenztests	
Bereiche der Intelligenz	*Anzahl der Test-Items*
Wahrnehmungsfähigkeit und optische Intelligenz	40
Kommunikationsfähigkeit und sprachliche Intelligenz	40
Logisches Denken und rechnerische Intelligenz	40
Technisches Verständnis und praktische Intelligenz	40
	Gesamttestdauer ca. 50 Minuten

(nach *Lauster*)

tur eines Intelligenztests klar, wenn Sie die in diesem Buch vorgestellten Tests absolviert haben.

Besonders häufig nehmen Schüler und Jugendliche an Intelligenztests teil, denen die Berufwahl noch bevorsteht, oder die sich neu im Beruf orientieren wollen oder müssen. Für diesen Fall wurden Intelligenztests entwickelt, die speziell auf die Bedürfnisse dieser Gruppe zugeschnitten sind.

Einer der häufig in diesem Bereich verwendeten Tests ist der *Wilde*-Intelligenztest oder das Leistungsprüfsystem von *Horn*. Im Gegensatz zu dem Modell von *Lauster*, beinhalten diese beiden Tests eine weitaus größere Streubreite der Aufgaben. Zugleich sind die Items pro Aufgabe aber sehr gering gehalten. Der *Wilde*-Test kann in 80 Minuten, der *Horn*-Test in 60 Minuten abgeschlossen werden. Einen kurzen Überblick über die beiden genannten Tests bietet die nachfolgende Tabelle:

Wilde-Intelligenz-Test		
Grundrechnungen (GR)	Kurzform	Dauer ca. 4 Minuten
Gleiche Wortbedeutungen (GW)	Kurzform	Dauer ca. 2 Minuten
Analogien (AL)	Langform	Dauer ca. 7 Minuten
Schätzen (SCH)	Kurzform	Dauer ca. 4,5 Minuten
Zahlenreihen (ZN)	Kurzform	Dauer ca. 6 Minuten
Spiegelbilder (SP)	Kurzform	Dauer ca. 2,5 Minuten
Eingekleidete Rechenaufgaben (ER)	Langform	Dauer ca. 14 Minuten
Buchstabenreihen (BR)	Kurzform	Dauer ca. 4 Minuten
Gedächtnis Lernteil (GL)	Kurzform	Dauer ca. 6 Minuten
Beobachtungen (BO)	Kurzform	Dauer ca. 3,5 Minuten
Wortgewandtheit (WG)	Kurzform	Dauer ca. 5 Minuten
Abwicklungen (AW)	Kurzform	Dauer ca. 5 Minuten
Gedächtnis-Reproduktionsteil	Langform	Dauer ca. 16 Minuten
		Gesamttestdauer ca. 80 Minuten

(nach *Wilde*)

Das Leistungsprüfsystem von *Horn* stellt einen weiteren, sehr häufig verwendeten IQ-Test dar. Es wird vor allem bei der Berufsorientierung und -beratung angewandt. Der Intelligenztest von *Horn* beruht auf einer ähnlichen Basis wie der *Wilde*-IQ-Test. Das nachfolgende Schema verdeutlicht den Aufbau und Ablauf eines IQ-Tests nach *Horn*.

Leistungsprüfsystem		
Grundrechnen (GR)	Subtest 1	Dauer ca. 2 Minuten
Gleiche Wortbedeutungen (GW)	Subtest 2	Dauer ca. 3 Minuten
Analogien (AL)	Subtest 3	Dauer ca. 5 Minuten
Schätzen (SCH)	Subtest 4	Dauer ca. 8 Minuten
Sprichwörter (SW)	Subtest 5	Dauer ca. 3 Minuten
Zahlenreihen (ZR)	Subtest 6	Dauer ca. 2,5 Minuten
Spiegelbilder (SB)	Subtest 7	Dauer ca. 2 Minuten
Zahlen merken (ZM)	Subtest 8	Dauer ca. 4 Minuten
Eingekleidete Rechenaufgaben (ER)	Subtest 9	Dauer ca. 3 Minuten
Buchstabenreihen (BR)	Subtest 10	Dauer ca. 3 Minuten
Gedächtnis Lernteil (GL)	Subtest 11	Dauer ca. 1 Minute
Beobachtungen (BO)	Subtest 12	Dauer ca. 2 Minuten
Wortgewandtheit (WG)	Subtest 13	Dauer ca. 8 Minuten
Abwicklungen (AW)	Subtest 14	Dauer ca. 2 Minuten
Arbeitskurve	Subtest 1 + 2	Dauer ca. 8 Minuten
		Gesamttestdauer ca. 58 Minuten

(nach *Horn*)

In unserem Intelligenztest wurden einige der Aufgabentypen von *Wilde* und *Horn* in einem Test neu kombiniert und zusammengefaßt. Insgesamt wurden vier eigenständige Subtests entwickelt. Sie finden sie in der nachfolgenden Tabelle.

Die einzelnen vorausgehenden Subtests oder Strukturen sind in einem IQ-Selbsttest am Ende des Buches auf Seite 129 ff. zusammengefaßt.

Strukturen eines Intelligenztests		
Visuelle Intelligenz (VI) 40 Items	Subtest 1	Dauer ca. 20 Minuten
– Abwicklungen – Würfeltest – räumliche Vorstellung – logisches Denken – Spiegelbilder		
Praktische Intelligenz (PI) 27 Items	Subtest 2	Dauer ca. 20 Minuten
– Drahtbiegetest – Legetest – Ergänzungstest		
Mathematische Intelligenz (MI) 30 Items	Subtest 3	Dauer ca. 15 Minuten
– Zahlenreihen – logisches Denken – Mengenberechnung – Zahlenräume		
Sprachliche Intelligenz (SI) 30 Items	Subtest 4	Dauer ca. 15 Minuten
– gleiche Wortbedeutungen – Analogien – Sprichwörter – Gedächtnis – Wortgewandtheit		
IQ-Selbsttest komplett 40 Items		Dauer ca. 20 Minuten
		Gesamttestdauer ca. 70 Minuten

Zusammenfassung

Die vorliegenden IQ-Tests beruhen im wesentlichen auf bisher bewährten und in der Praxis erprobten Aufgaben. Die in diesem Buch verwendeten Tests sind mit jedem anderen Intelligenztest vergleichbar und können diesen ersetzen bzw. dazu dienen, sich auf einen solchen Test vorzubereiten.

2 Test für visuelle Intelligenz (VI)

2.1 Grundsätzliches

Über die Schwierigkeiten, Intelligenz zu messen, habe ich ja bereits berichtet, aber wie die Messung konkret durchgeführt wird, wissen Sie immer noch nicht. In diesem Kapitel wollen wir deshalb mit der ersten Messung beginnen. Es beinhaltet einen Test für *logische Schlußfolgerungen* und *optische Informationsverarbeitung*. Der Test wird kurz *„Test für visuelle Intelligenz“* genannt.

2.2 Testanweisung

Der nachfolgende Test besteht aus 40 Aufgaben. Sie haben genau 15 Minuten Zeit, um alle Aufgaben zu lösen. Arbeiten Sie zügig und so schnell wie möglich. Lassen Sie Aufgaben aus, die Sie nicht sofort lösen können. Sie können sich später zum Schluß des Tests nochmals an diesen Aufgaben versuchen. Wenn es Ihnen nicht gelingt, alle Aufgaben in der angegebenen Zeit zu lösen, dann ist das nicht schlimm. Lassen Sie sich in keinem Fall aus der Ruhe bringen.

Bearbeiten Sie die Aufgaben in der vorgegebenen Reihenfolge. Kalkulieren Sie auch ein, daß die Aufgaben zum Schluß des Tests schwieriger werden. Wenn Sie ein Ergebnis nicht sicher wissen, so dürfen Sie raten. Ihr Ergebnis kann durch richtiges Raten verbessert werden, da aber bereits in der Berechnung des IQ eine Treffergenauigkeit von 1/4 einkalkuliert ist, bringt Raten nicht allzu viel.

Es gibt manche Aufgaben, die mehrere Lösungen zulassen. Die meisten dieser Mehrfachlösungen sind dann mehr oder weniger gut. Die beste Lösung wurde in dem Test ausgewählt und mit einer Punktzahl versehen.

Ihre Antwort besteht im Ankreuzen einer Lösungsalternative. Die richtige Lösung erfahren Sie in der Auswertung nach dem jeweiligen Test. Dort finden Sie auch bei Bedarf einen kleinen Kommentar zur Aufgabe.

2.3 Aufgaben zur visuellen Intelligenz

Abwicklungen

Eine typische Aufgabe dieses Tests ist die Würfelabwicklung.

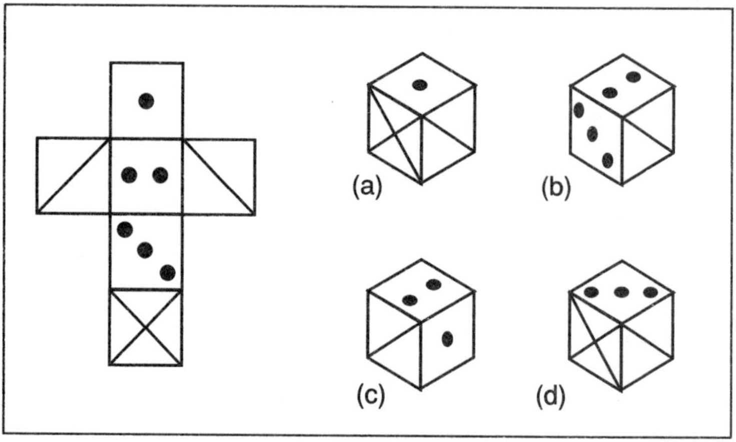

Sie sehen links das Bild eines Würfelnetzes bzw. einer -abwicklung und sollen rechts unter vier Alternativen heraussuchen, welcher Würfel zu der vorgegebenen Abwicklung paßt... Und – wie lautet Ihre Lösung? Bitte kreuzen Sie die richtige Lösung an.

(a) (b) (c) (d)

Schauen wir uns die Lösungen der Reihe nach an. Die Lösungsalternative (a) kann nicht zutreffen, weil in diesem Fall der Schrägstrich auf der rechten Seite von links unten nach rechts oben geht. Diese Alternative ist also falsch.

Die Lösungsalternative (b): Dasselbe gilt für diese Ansicht. Auch dort müßte der Schrägstrich auf der rechten Seite von links unten nach rechts oben gehen.

Die Lösung (c) schließlich ist richtig. Dort stimmen alle Eintragungen.

Überprüfen wir noch die Lösungsalternative (d). Hier liegen die Punkte falsch. Sie müßten von der oberen Ecke zur unteren verlaufen und nicht quer, wie in der Graphik dargestellt.

Die richtige Lösung ist also (c). Sie müssen (c) ankeuzen.

Wenn Sie Probleme mit Aufgaben dieser Art haben, dann fertigen Sie sich einfach einen Pappwürfel mit der entsprechenden Zeichnung an. Das geht recht schnell, und Sie können so auch weitere Aufgaben überprüfen. Allerdings sollten Sie den Würfel nicht als Hilfsmittel beim Test verwenden.

Ergänzungen

Eine weitere typische Aufgabe für den Bereich visuelle Intelligenz stellen Ergänzungen dar.

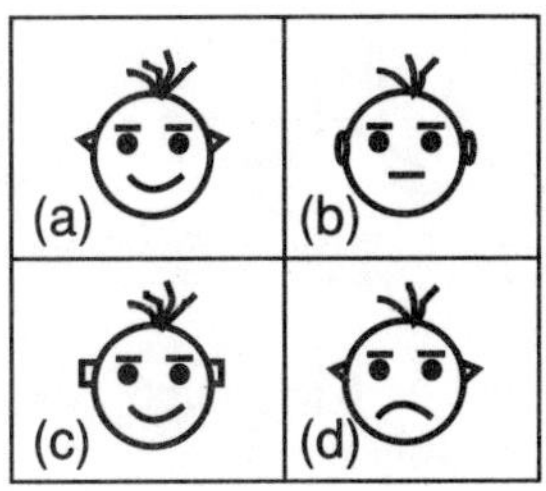

In dieser Aufgabe wird ein Gesicht gesucht, das in die Lücke der letzten Reihe paßt. Betrachten wir uns wieder die vorgegebenen Lösungen der Reihe nach. Welche Lösungsalternative könnte zutreffen? Und – wie lautet Ihre Lösung? Bitte kreuzen Sie die richtige Lösung an.

(a) (b) (c) (d)

Die Lösungsalternative (a) hat ganz gute Chancen; tatsächlich treffen alle erforderlichen Merkmale zu. Wir müssen also (a) als richtige Lösung ankreuzen.

Doch schauen wir uns noch die weiteren drei Alternativen an; warum treffen sie nicht zu? So scheiden (b) und (d) recht schnell aus, weil die Anzahl der Haare nur drei beträgt. In die Lücke müßte aber ein Gesicht mit vier Haaren, sonst wäre die Reihe unvollständig.

Die Lösungsalternative (c) sieht da schon besser aus. Betrachten wir jedoch die weiteren Merkmale, so finden wir viereckige Ohren. Diese sind aber in derselben Linie bereits vorhanden. Somit scheidet diese Lösung aus und (a) ist die richtige Alternative. Sie sehen, daß in jeder Reihe alle Merkmale komplett vorhanden sind.

Spiegelbilder

Bei Aufgaben dieses Typs kommt es darauf an, Figuren in der Vorstellung zu drehen bzw. zu spiegeln und Spiegelbilder richtig zu erkennen. Von den vier Figuren paßt eine nicht in die Reihe.

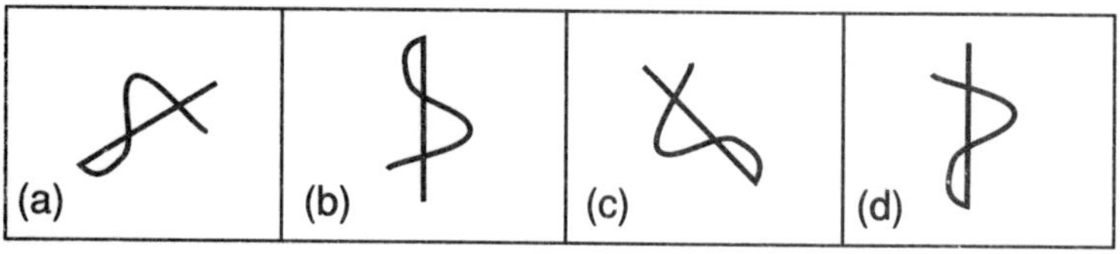

Und – wie lautet Ihre Lösung? Bitte kreuzen Sie die richtige Lösung an.

(a) (b) (c) (d)

Von den vier Figuren lassen sich drei durch Drehen in eine Position bringen, in der sie sich genau übereinander legen lassen. Eine Figur muß allerdings zuerst gespiegelt bzw. umgeklappt werden, damit sie mit den anderen Figuren zur Deckung gebracht werden kann?

Wenn Sie genau hinschauen, dann ist es die Figur (d), die nicht durch Drehung mit den anderen zur Deckung gebracht werden kann. Diese Lösungsalternative ist also richtig.

Die weiteren Aufgaben im Bereich visuelle Intelligenz sind mehr oder weniger Abwandlungen dieser drei Grundformen. Es handelt sich noch um Drehungen (von Würfeln), Verschiebungen und um das Erkennen besonderer Merkmale, die eine Figur von der anderen abhebt.

Sie finden zum Schluß dieses Kapitels ein Lösungsblatt sowie Hinweise zur Lösung jeder wichtigen Aufgabe. – Lösen Sie nun den Test. Sie haben 25 Minuten Zeit.

2.4 Test I: Visuelle Intelligenz (VI)

1. Welcher Quader paßt zur Abwicklung?

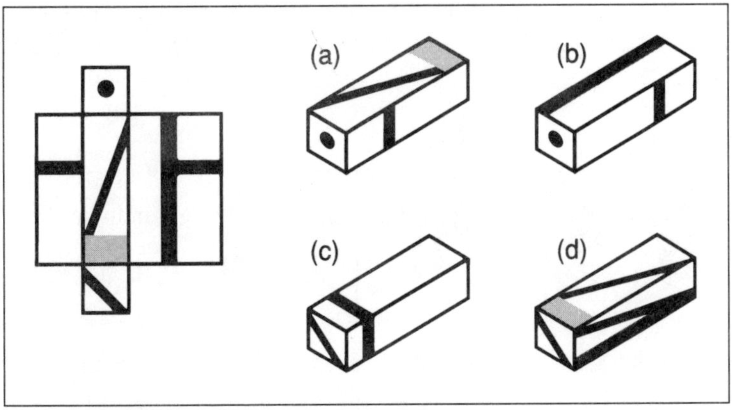

2. Welche Figur paßt?

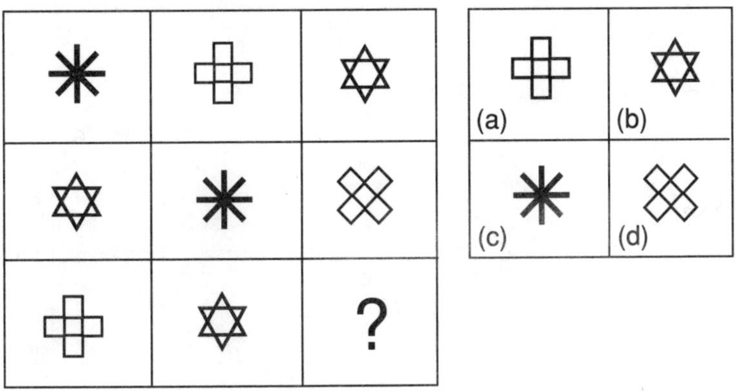

3. Welche Figur paßt nicht in die Reihe?

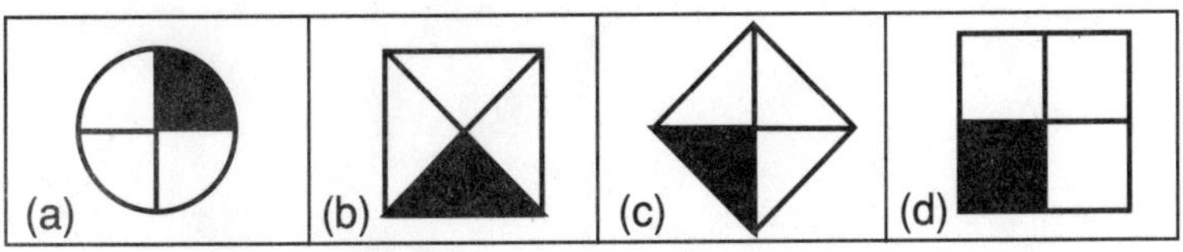

4. Welche Figur paßt nicht in die Reihe?

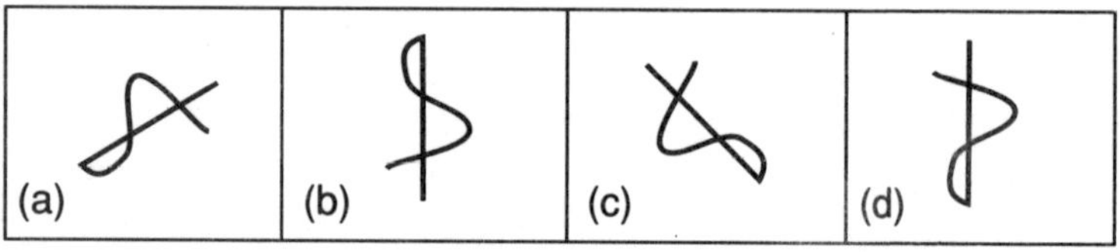

5. Welcher Würfel folgt?

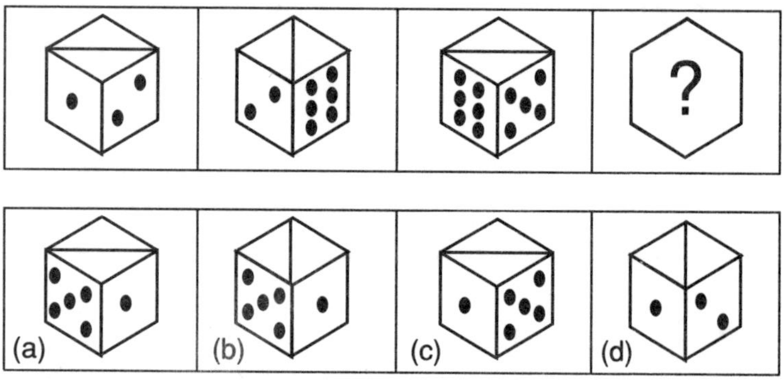

6. Welches Gesicht paßt in die Lücke?

7. Welcher Würfel paßt zur Abwicklung?

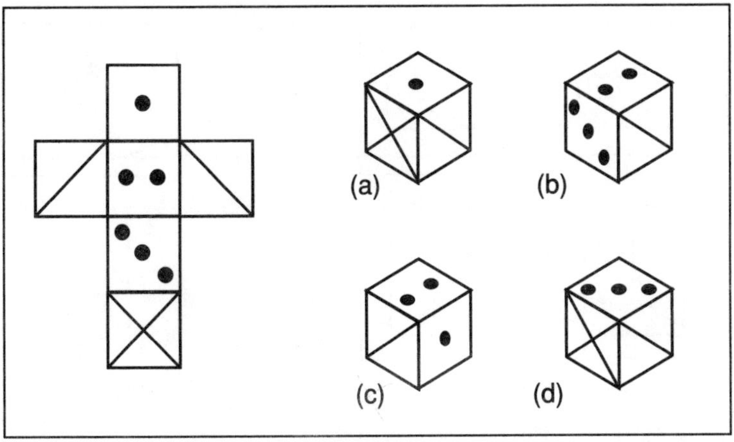

8. Welche Figur paßt zu den anderen?

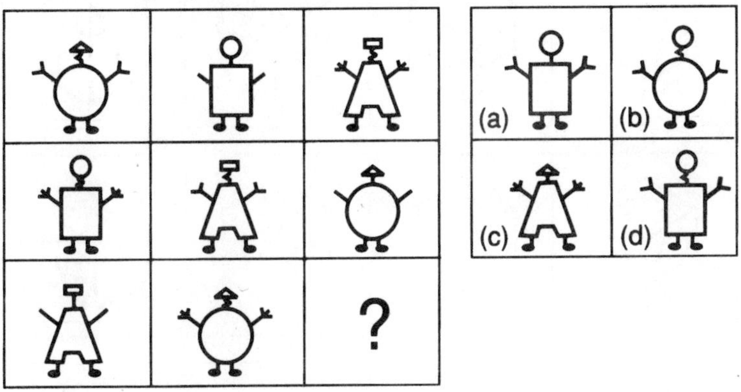

9. Welches Kreuz paßt nicht in die Reihe?

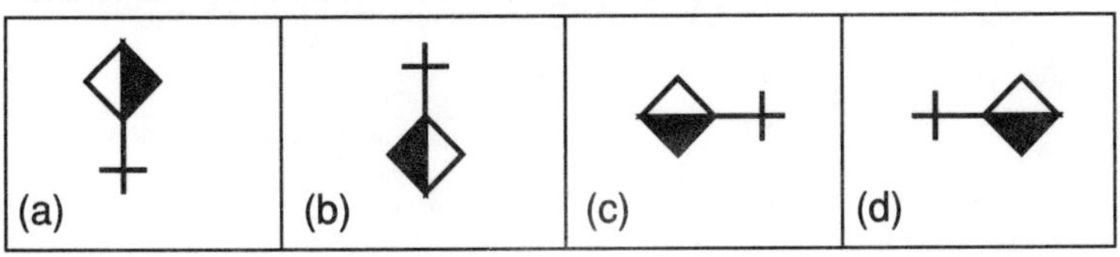

10. Wie geht´s weiter? Suchen Sie die folgende Figur:

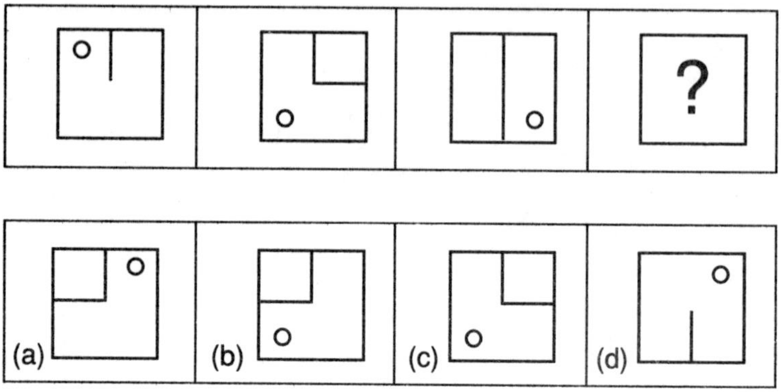

11. Welcher Würfel paßt in die Reihe?

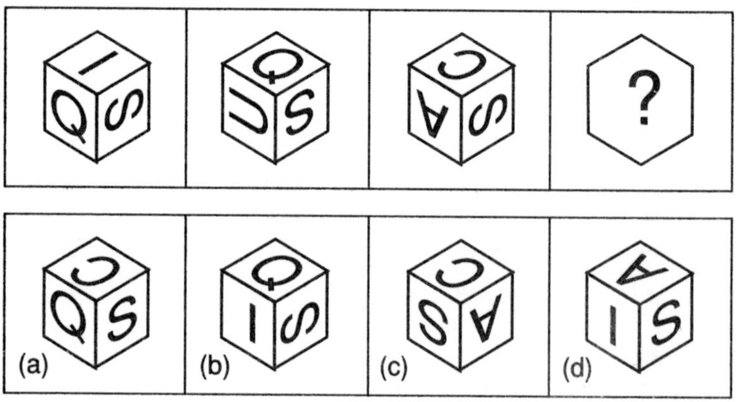

12. Wie geht die Reihe weiter?

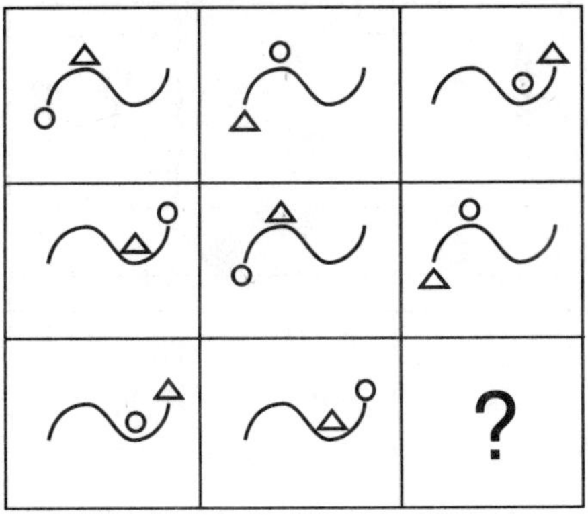

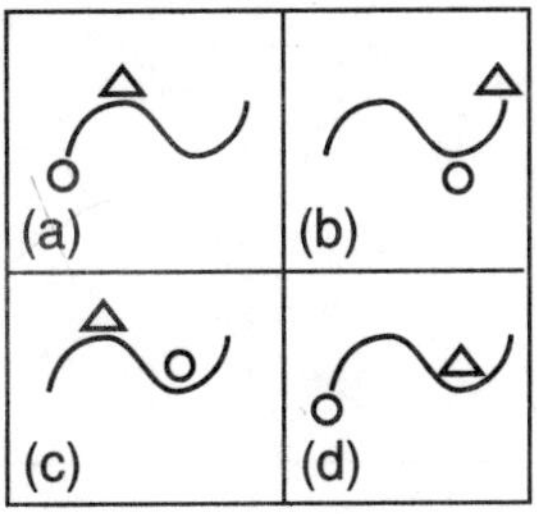

13. Eine Spirale paßt nicht.

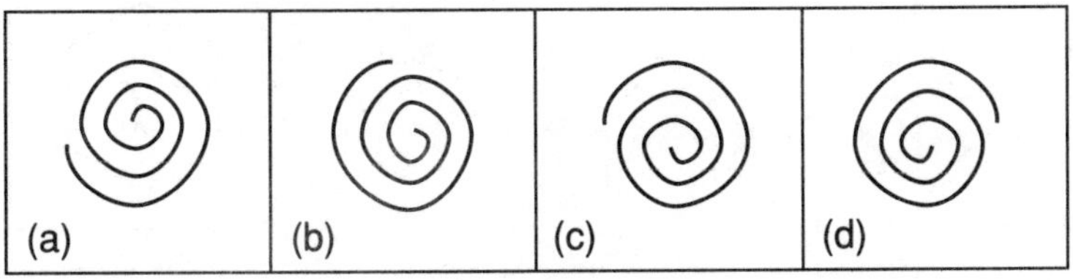

14. Welcher Würfel paßt?

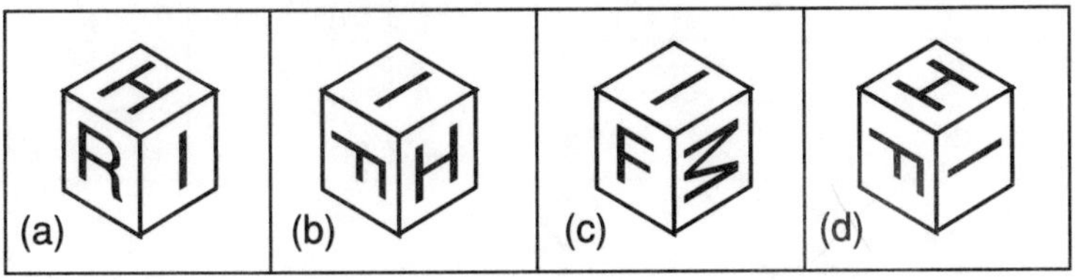

15. Wie geht die Reihe weiter?

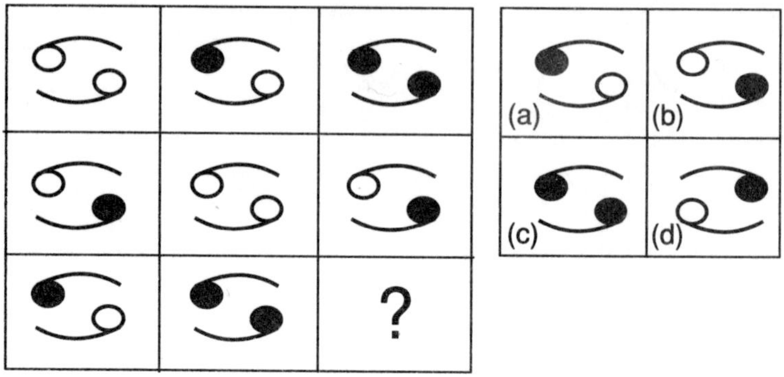

16. Welcher Würfel paßt zu der Abwicklung?

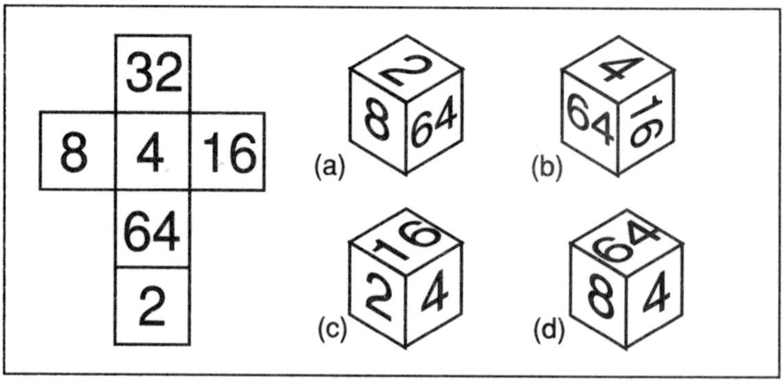

17. Wie geht die Reihe weiter?

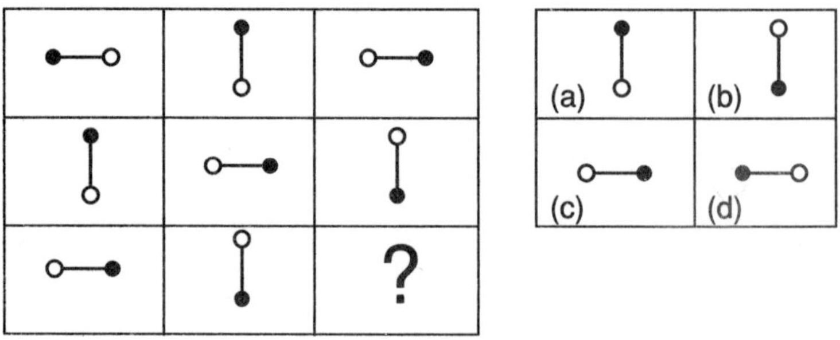

18. Welche Figur paßt nicht zu den anderen?

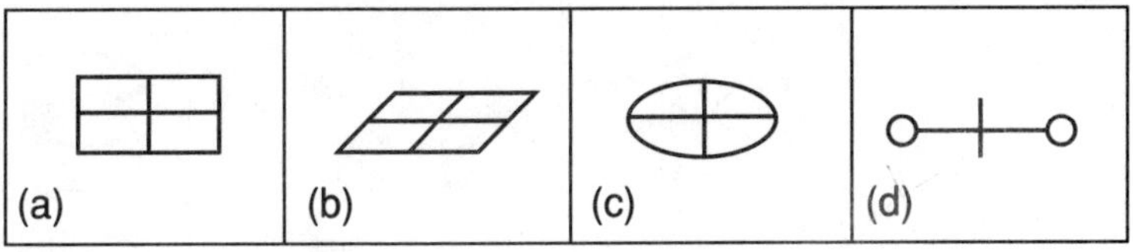

19. Welche Figur gehört nicht in die Reihe?

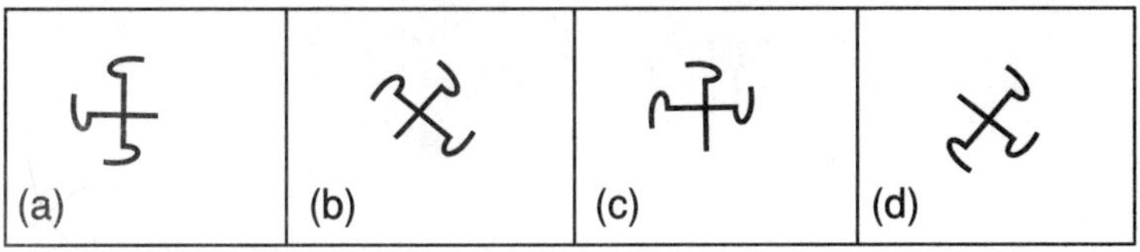

20. Welche Figur paßt?

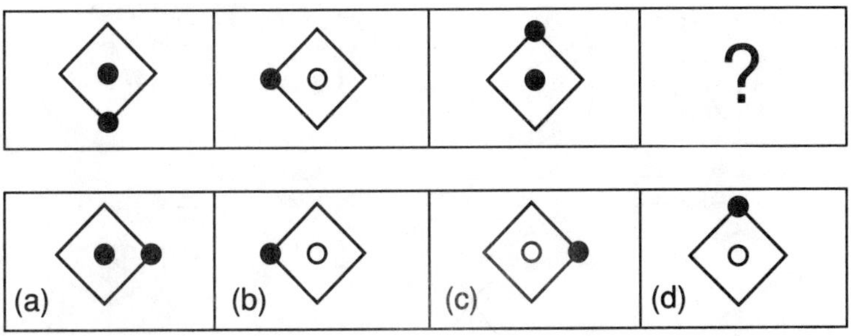

21. Welche Flagge paßt nicht in die Reihe?

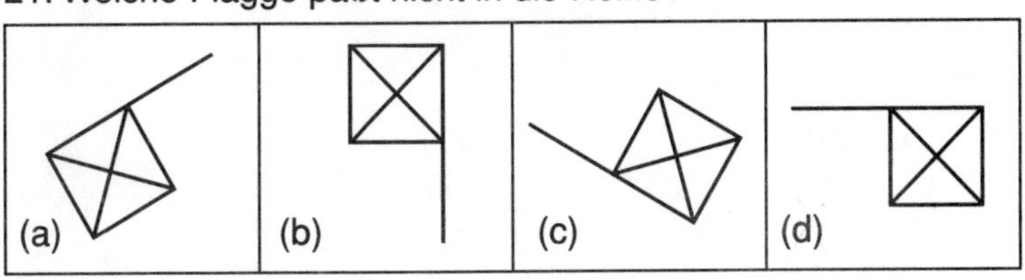

22. Welcher Würfel paßt in die Reihe?

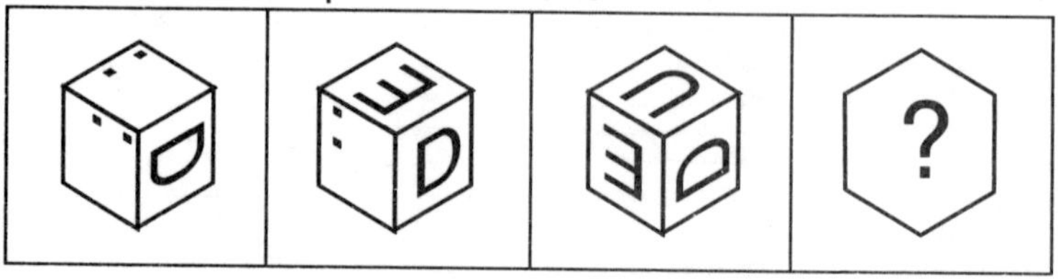

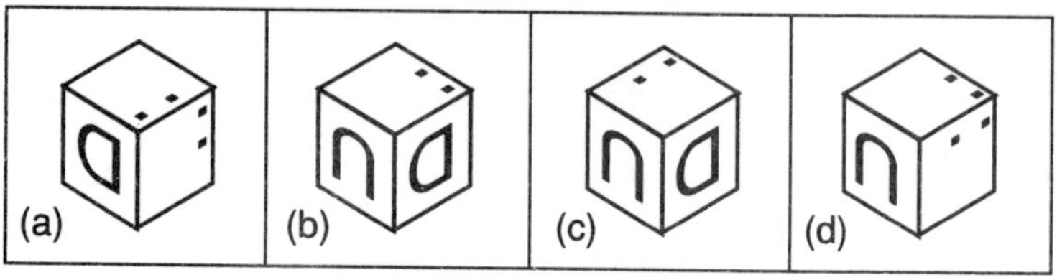

23. Welcher Würfel folgt?

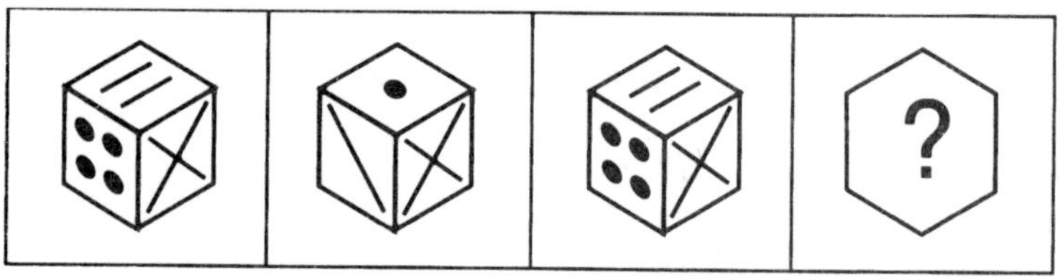

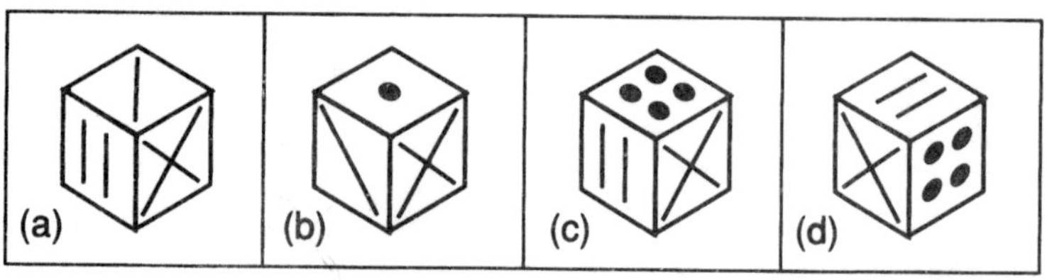

24. Welche Figur paßt in die Reihe?

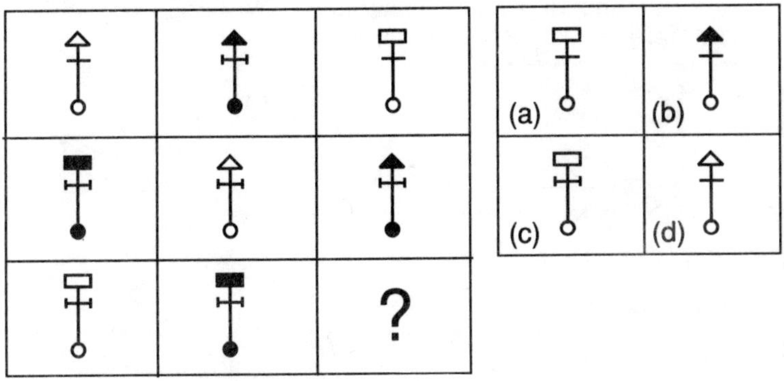

25. Wie geht die Reihe weiter?

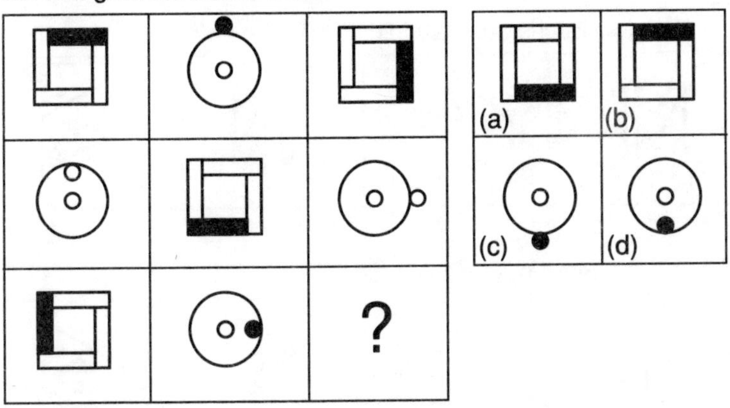

26. Welcher Quader paßt zur Abwicklung?

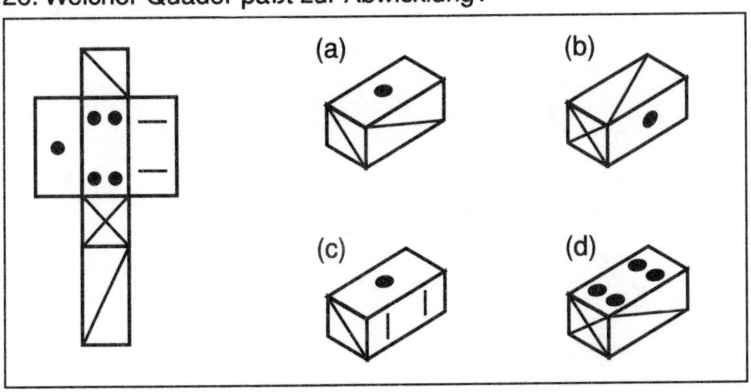

27. Die Figur ist deformiert. Welche der deformierten Figuren ist aus der Ausgangsfigur entstanden? Die Länge der jeweiligen Teillinien ist nicht maßgebend.

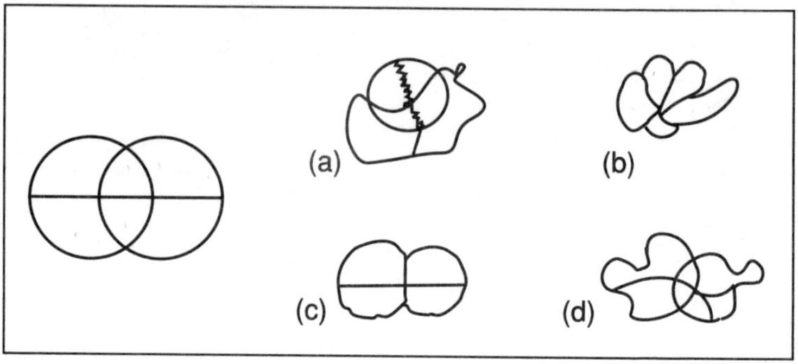

28. Welcher Buchstabe paßt nicht in die Reihe?

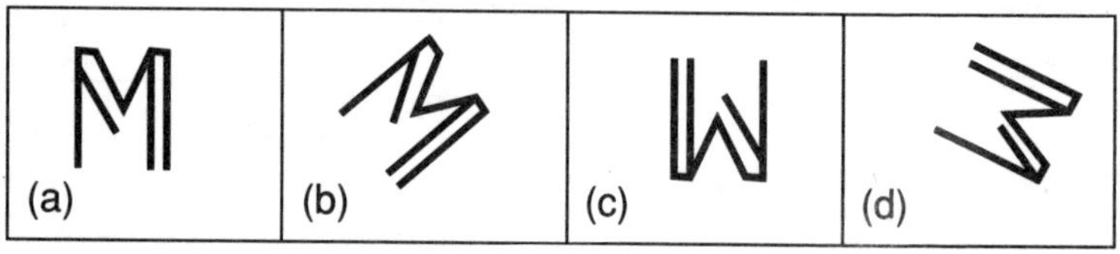

29. Welche Figur paßt nicht in die Reihe?

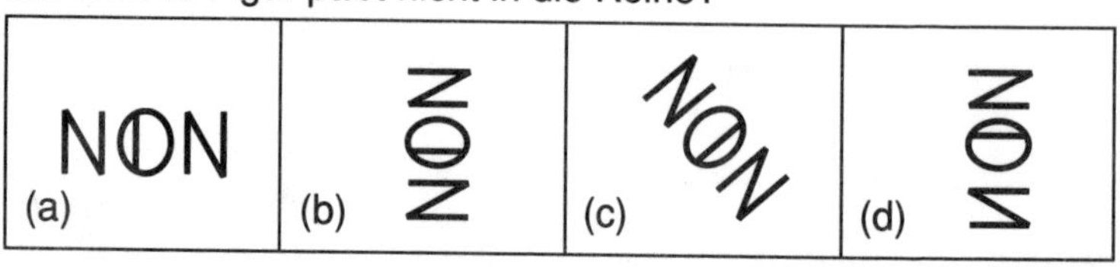

30. Welcher Würfel paßt in die Reihe?

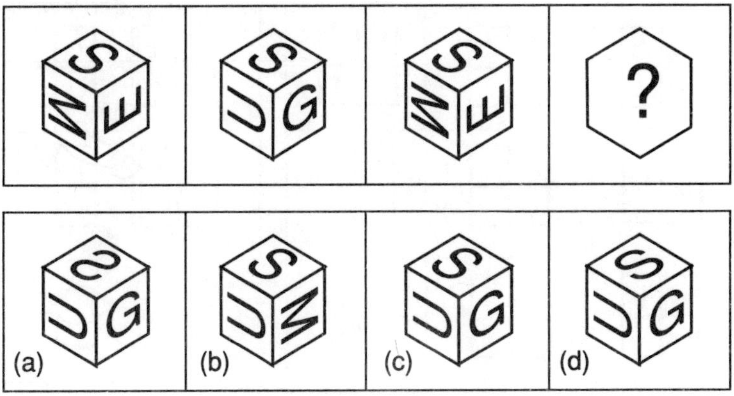

31. Welche Figur paßt nicht zu den anderen?

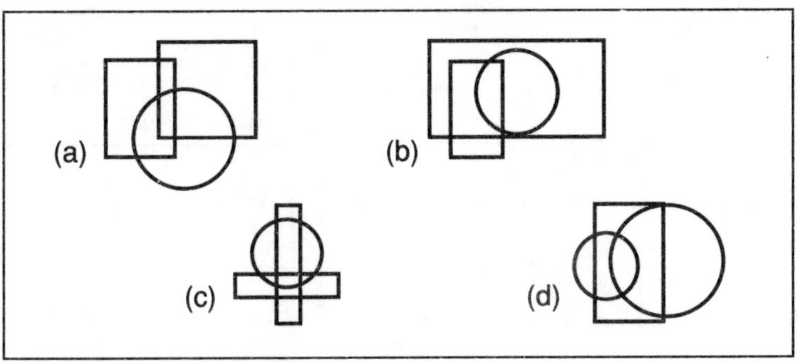

32. Welches Kreuz folgt?

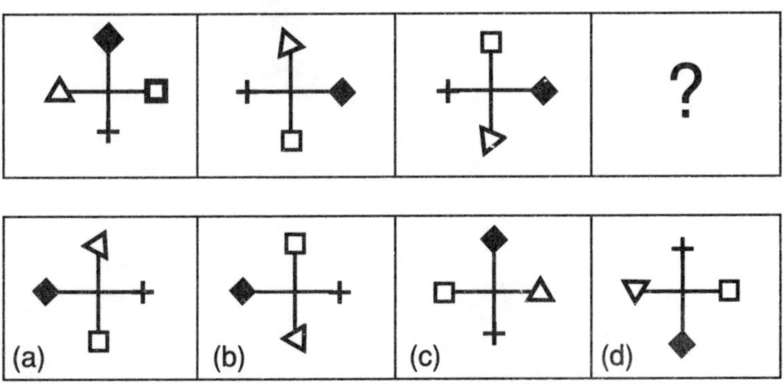

33. Welches Quadrat paßt in die Lücke?

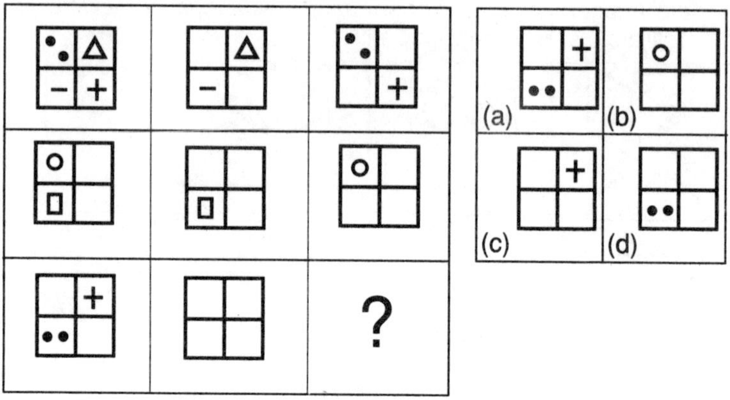

34. Welches Icon paßt in die Lücke?

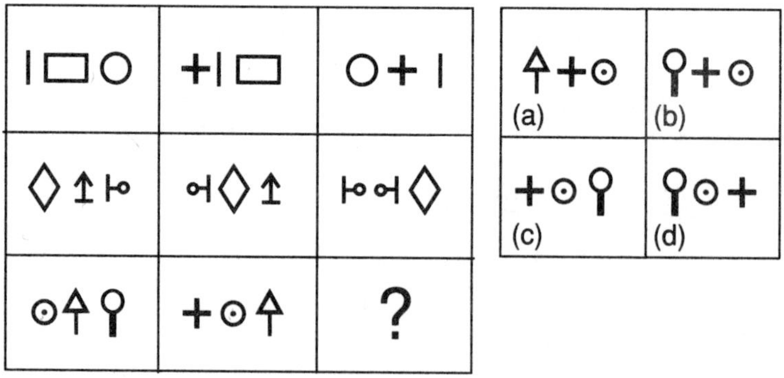

35. Die Figur ist deformiert. Welche der vier Abbildungen könnte die Ausgangsfigur gewesen sein? Die Länge der jeweiligen Teillinien ist nicht maßgebend.

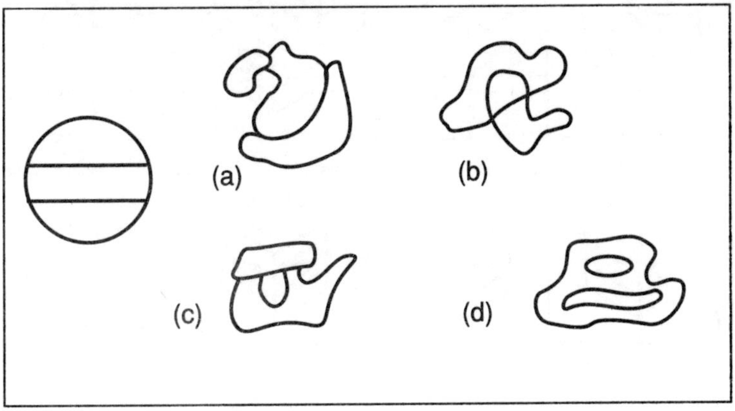

36. Welche Figur ist von den anderen verschieden?

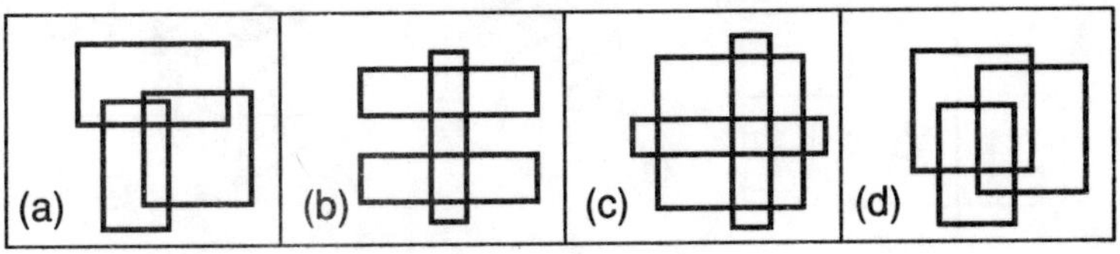

37. Welche Figur paßt nicht?

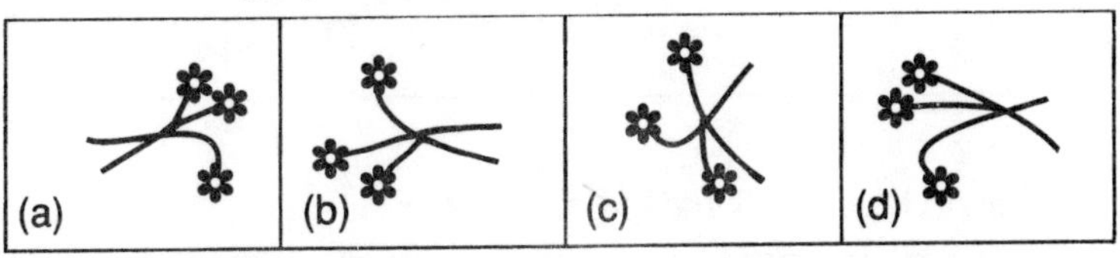

38. Welcher Würfel paßt in die Reihe?

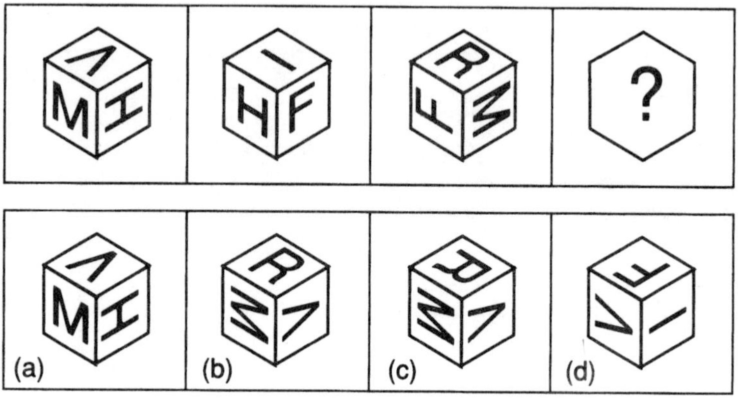

39. Welcher Würfel paßt zur Abwicklung?

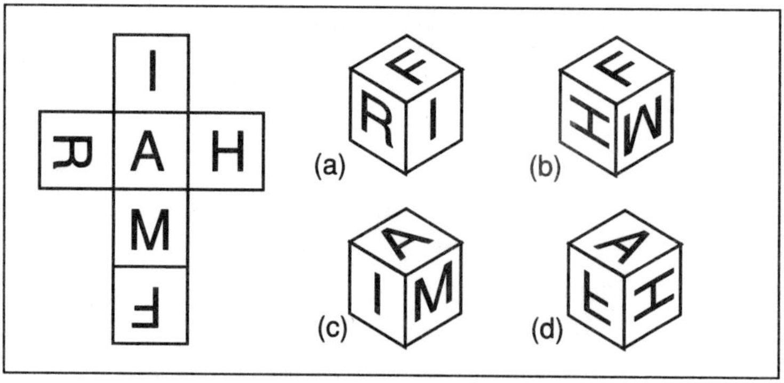

40. Welche Figur paßt in das Schema?

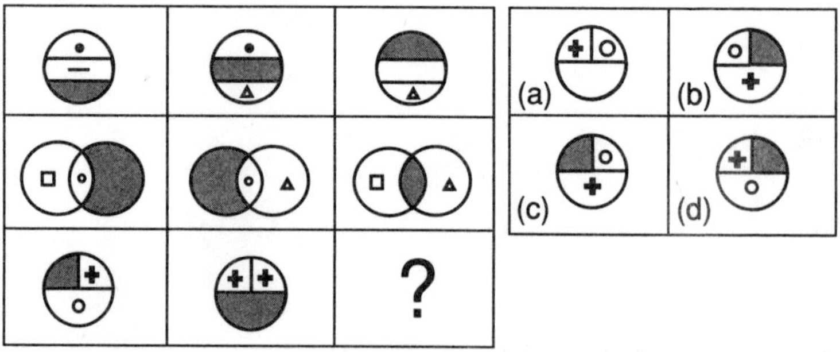

2.5 Lösungen

Lösungsbogen

In dem Lösungsbogen sind für Test I die richtigen Lösungen eingetragen. Tragen Sie Ihre Lösungen ein, und geben Sie sich für jede richtige Lösung einen Punkt. Tragen Sie hier Ihre Lösungen ein:

Test-Item Nr.	richtige Lösung	meine Lösung	Punkte
1.	(a)	a b c d	______
2.	(c)	a b c d	______
3.	(a)	a b c d	______
4.	(d)	a b c d	______
5.	(b)	a b c d	______
6.	(a)	a b c d	______
7.	(c)	a b c d	______
8.	(d)	a b c d	______
9.	(c)	a b c d	______
10.	(a)	a b c d	______
11.	(d)	a b c d	______
12.	(a)	a b c d	______
13.	(c)	a b c d	______
14.	(d)	a b c d	______
15.	(a)	a b c d	______
16.	(b)	a b c d	______
17.	(d)	a b c d	______
18.	(b) oder (d)	a b c d	______
19.	(a)	a b c d	______
20.	(c)	a b c d	______
21.	(d)	a b c d	______
22.	(b)	a b c d	______

Test-Item Nr.	richtige Lösung	meine Lösung	Punkte
23.	(b)	a b c d	______
24.	(d)	a b c d	______
25.	(b)	a b c d	______
26.	(b)	a b c d	______
27.	(a)	a b c d	______
28.	(d)	a b c d	______
29.	(d)	a b c d	______
30.	(c)	a b c d	______
31.	(d)	a b c d	______
32.	(d)	a b c d	______
33.	(a)	a b c d	______
34.	(b)	a b c d	______
35.	(a)	a b c d	______
36.	(b)	a b c d	______
37.	(d)	a b c d	______
38.	(a)	a b c d	______
39.	(b)	a b c d	______
40.	(d)	a b c d	______
Ihre Gesamtpunktzahl:			27

Zählen Sie die Anzahl Ihrer Punkte zusammen. Die Summe Ihrer Punkte ergibt die Wertung Ihrer visuellen Intelligenz.

In der folgenden Bewertungstabelle können Sie unter Ihrer Punktzahl nachschauen, welchem Intelligenzquotienten eine entsprechende Wertung in einem kompletten IQ-Test entsprechen würde. Berücksichtigen Sie den Vergleich zu Ihrer Altersgruppe.

2.6 Bewertungstabelle

Aus der folgenden Bewertungstabelle können Sie entnehmen, wie gut Sie in dem Subtest visuelle Intelligenz (VI) abgeschnitten haben. Suchen Sie zunächst in der ersten Zeile nach Ihrer Altersgruppe. Gehen Sie in dieser Spalte so weit nach unten, bis Sie auf Ihre Punktzahl treffen. In der letzten Spalte derselben Zeile finden Sie Ihren IQ in dem Bereich der visuellen Intelligenz.

Testauswertung					
14–16 Jahre	17–20 Jahre	21–30 Jahre	30 Jahre und älter	Gesamtbewertung	Intelligenzquotient
Punkte	Punkte	Punkte	Punkte		bitte hier ankreuzen:
33–40	35–40	39–40	35–40	sehr gut	über 130
27–32	31–34	37–38	31–34	gut	ca. 120
23–26	27–30	34–36	28–30	überdurchschnittlich	ca. 110
16–22	17–26	28–33	23–27	unterdurchschnittlich	ca. 90
11–15	11–16	15–27	10–22	gering	ca. 80
0–10	0–10	0–14	0–9	sehr gering	unter 70

Bitte beachten Sie, daß die visuelle Intelligenz nur ein Teilaspekt Ihrer gesamten Intelligenz ist. Wenn diese Wertung für Sie enttäuschend ausgefallen ist, könnte Ihr Schwerpunkt in einem anderen Bereich liegen. Erkennen Sie Ihre Fehler? Zum besseren Verständnis gibt Ihnen der nachfolgende Abschnitt noch einige Lösungshinweise.

2.7 Lösungshinweise

1. (a) Der Punkt hat mit den Seiten Schrägstrich und gerader Strich eine direkte Verbindung. Bei den anderen Zeichnungen liegt der senkrechte Strich an der falschen Stelle.

2. (c) Das Strahlenbündel fehlt als einziges in der letzten Reihe.
3. (a) Die einzige Figur, die aus einem Kreis gebildet wird.
4. (d) Es ist die einzige Figur, die gedreht und geklappt wurde.
5. (b) Der Würfel wird in der horizontalen Ebene um eine Seite weitergedreht.
6. (a) Lösungshinweis siehe Einleitung zu diesem Kapitel auf Seite 39.
7. (c) In dieser Lage ist das Würfelnetz richtig sichtbar. (a) stimmt nicht, weil der Schrägstrich von vorne unten nach hinten oben verlaufen müßte. Dasselbe gilt für (b) und (d).
8. (d) In der Spalte fehlt eine zweifingrige Figur, Halszacke nach links und mit einem Rechteck als Körper. Diese Bedingungen erfüllt nur die Figur (d).
9. (c) Nur diese Figur wurde gedreht und gespiegelt.
10. (a) Der Zeiger wandert jeweils um 90° nach links, der Kreis um 90° nach rechts.
11. (d) Der Würfel wird um jeweils eine Seite um die horizontale Achse weitergedreht. A muß auf das Dach kommen.
12. (a) Das Dreieck wandert von rechts nach links; der Kreis wandert von links nach rechts (jeweils zyklisch).
13. (c) Die einzige Spirale, die gedreht und gespiegelt wurde.
14. (d) Der Würfel wird um seine horizontale Achse gedreht. Es muß I wieder auftauchen. H kommt auf das Dach.
15. (a) Die erste Reihe ist Ergänzung zu einer Reihe, die nun nicht mehr sichbar ist. Sie wurde um eine Figur nach links verschoben, und eine Ergänzung wurde mit vertauschten Farben gebildet. Die dritte Reihe bildet die Ergänzung zur zweiten Reihe. Schwarz und Weiß müssen also umgedreht werden. Alles andere bleibt gleich.
16. (b) Hier passen die Seiten, bei den anderen Würfeln stehen sie zum Teil auf dem Kopf. Sie können sich die Lösung besser verdeutlichen, wenn Sie das Würfelnetz ausschneiden und zu einem Würfel falten.
17. (d) Der weiße Kreis wandert jeweils im Winkel von 90° im Uhrzeigersinn weiter.
18. (b) Die Figur hat keinen rechten Winkel.
    (d) Die Figur hat keine umschließende Linie. Beide Lösungen sind gleichwertig.
19. (a) Die Figur wurde gedreht und gespiegelt.
20. (c) Der Punkt in der Mitte wechselt von dunkel nach hell. Der schwarze Punkt wandert jeweils um 90° im Uhrzeigersinn.
21. (d) Die Flagge wurde gespiegelt und gedreht.

22. (b) Der Würfel wird jeweils um eine Seite nach vorne gekippt. Die beiden Punkte müssen wieder auftauchen.
23. (b) Der Würfel wird jeweils um 180° nach vorne gedreht. Es muß nun die zweite Zeichnung wieder auftauchen.
24. (d) Die ganze Figur ist symmetrisch zur Mitteldiagonale gebaut.
25. (b) Der Balken wandert im Uhrzeigersinn nach jedem Kreis um 90° weiter.
26. (b) Die anliegenden Flächen sind richtig. Bei (a) liegt die Diagonale falsch.
27. (a) Nur die Figur (a) besteht aus sechs Flächen.
28. (d) Der Buchstabe M wurde gedreht und gespiegelt.
29. (d) Das rechte N in NON wurde gedreht und gespiegelt.
30. (c) Der Würfel wird in der vertikalen jeweils um 180° gedreht.
31. (d) Alle anderen Figuren weisen zwei Rechtecke auf.
32. (d) Das Kreuz wird abwechselnd gedreht und gespiegelt. Nach einer Spiegelung folgt jetzt eine Drehung.
33. (a) Es werden abwechselnd die rechte und die linke Diagonale abgedeckt.
34. (b) Die Einzelfiguren im Icon werden jeweils zyklisch nach links vertauscht.
35. (a) Die Figur besteht aus drei Flächen. Bei (b) bis (d) ist mindestens eine Fläche in die andere eingebettet. Das entspricht nicht der ursprünglichen Figur.
36. (b) Alle anderen Figuren haben eine gemeinsame Fläche.
37. (d) Die Figur wurde gespiegelt und gekippt.
38. (a) Der Würfel wird vertikal und gleichzeitig horizontal jeweils um 90° im Uhrzeigersinn gedreht.
39. (b) Bei den anderen Möglichkeiten stimmen die nebeneinanderliegenden Buchstaben nicht mit der Abwicklung überein.
40. (d) Die schraffierte Fläche deckt jeweils einen Teil ab. Sie wandert von links nach rechts, bzw. von oben nach unten.

3 Test für praktische Intelligenz (PI)

3.1 Testanweisung

Die folgende Testgruppe besteht aus Aufgaben, die praktisches Geschick, eine gute Beobachtungsgabe und optisches Kombinationsvermögen erforderlich machen. Sie sollen die einzelnen Testfiguren kombinieren, vergleichen und dabei genau überprüfen, ob die gefundene Lösung korrekt sein könnte. Neben dem Kopf sind auch die Hände als Helfer gefordert. Wenn Sie handwerkliches Geschick besitzen, haben Sie bei diesem Aufgabentyp gegenüber anderen einen deutlichen Vorsprung.

Neben der praktischen Intelligenz, die diesem Kapitel ihren Namen gegeben hat, wird natürlich auch die technische Intelligenz angesprochen, die besonders im ersten und zweiten Test gefordert wird. Technische Intelligenz befähigt zur Konstruktion neuer Gerätschaften. Wenn Sie sie besitzen, werden Ihnen die Aufgaben recht leicht fallen, und Sie werden rasch damit fertig sein. Die Aufgaben sind in einem vorgegebenen Zeitrahmen von zusammen etwa 20 Minuten zu erledigen.

Die Testgruppe zur Ermittlung der praktischen Intelligenz besteht aus drei Untergruppen (= Subtests):

1. Drahtbiegetest mit 9 Teilaufgaben
   Material: ein oder zwei Klingeldrähte von ca. 15,5 cm Länge.
2. Legetest mit 9 Legefiguren, die aus vorgegebenen Grundfiguren zusammengelegt werden müssen.
   Material: Kopien der Grundfiguren, die auf Pappe aufgeklebt werden.
3. Ergänzungstest mit 9 Figuren zum Ausschneiden und Rekonstruieren.
   Material: Kopien der Figuren zum Ausschneiden und schnellen Aufkleben.

3.2 Test II: Praktische Intelligenz (PI)

Drahtbiegetest

Der Drahtbiegetest soll Ihr handwerkliches Geschick auf die Probe stellen. Beschaffen Sie sich zunächst einen etwa 15,5 cm langen, dünnen Klingeldraht. Sie können diesen Draht mit oder ohne Isolierung verwenden. Für die Drahtbiegeaufgaben sind außer dem Draht keine weiteren Hilfsmittel erlaubt, deshalb darf der Draht nicht zu stark sein.

Beispiel:

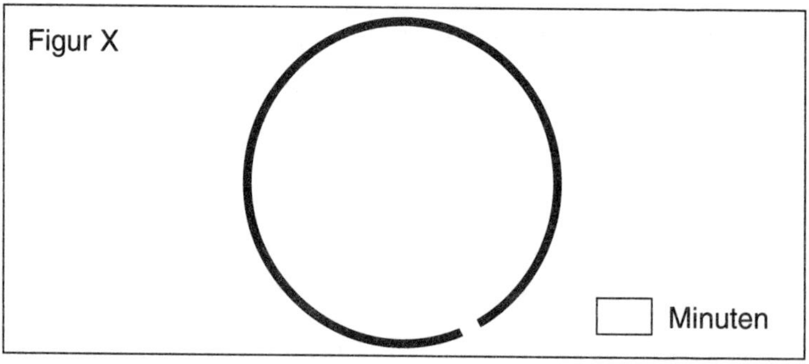

In diesem Beispiel wird ein Kreis vorgegeben, der aus dem Klingeldraht zu legen ist. Sie müssen den Kreis außerhalb des Buches legen und nicht auf dem Buch. Versuchen Sie, die vorgegebene Figur so exakt wie möglich nachzulegen. Beachten Sie dabei, daß die hier vorgegebenen Figuren nicht exakt der Drahtlänge entsprechen. Sie müssen also Ihre Figuren proportional anpassen! Wenn Sie mit dem Kreis fertig sind, können Sie zur Kontrolle Ihren Kreis auf die Vorlage im Buch legen. Wenn sich eine zu große Abweichung in der Form ergibt, müssen Sie Ihre Biegearbeit nochmals nachbessern.

Machen Sie nun mit der nächsten Aufgabe weiter. Messen Sie mit einer Stoppuhr die Zeit, die Sie insgesamt benötigt haben, und tragen Sie diese Zeit in die Lösungsspalte ein.

Beginnen Sie nun mit dem Test. Sie haben maximal 8 Minuten Zeit. Die Lösung zu diesem Test finden Sie auf Seite 87.

Drahtbiegetest

Figur 1

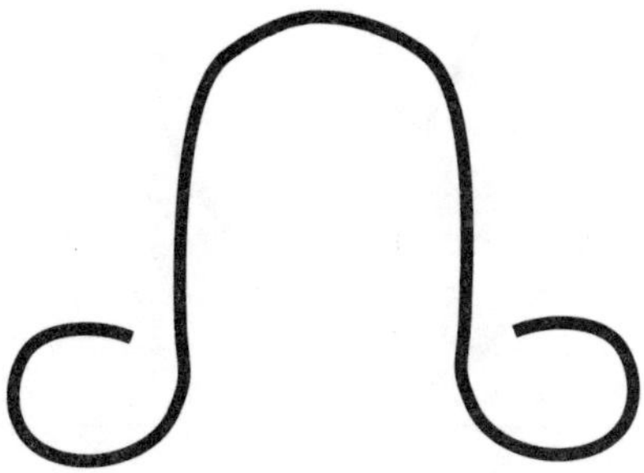

☐ Minuten

Figur 2

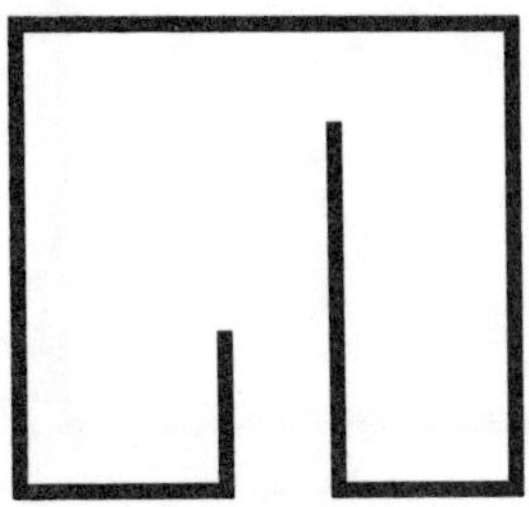

☐ Minuten

Figur 3

☐ Minuten

Figur 4

Minuten

Figur 5

Minuten

Figur 6

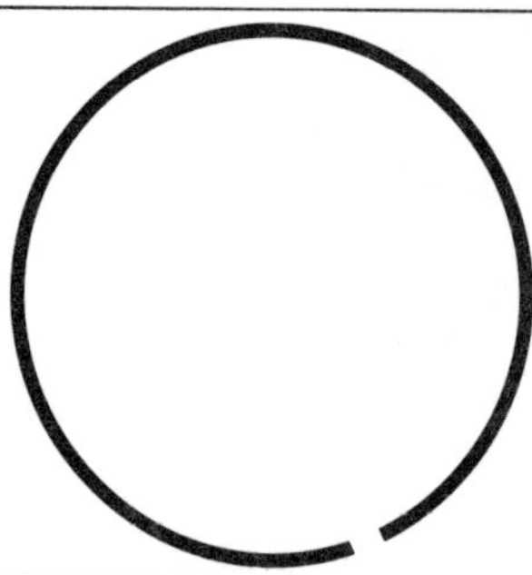

Minuten

Figur 7

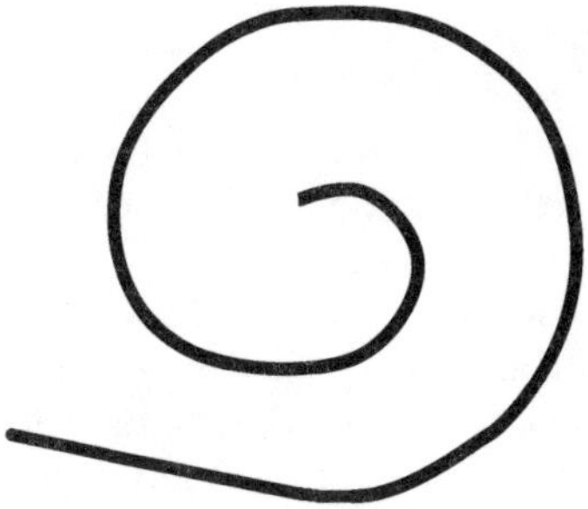

☐ Minuten

Figur 8

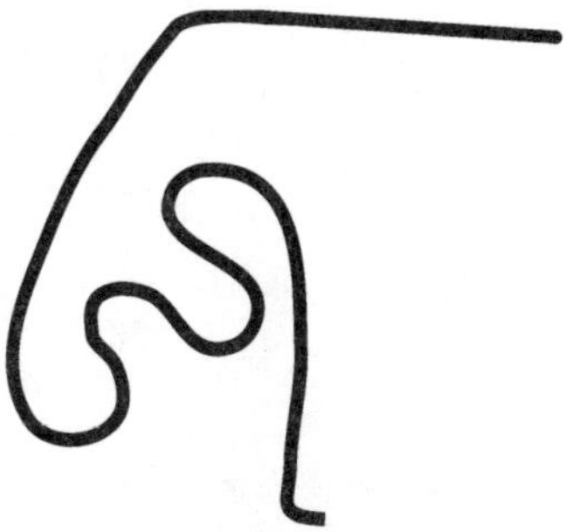

☐ Minuten

Figur 9

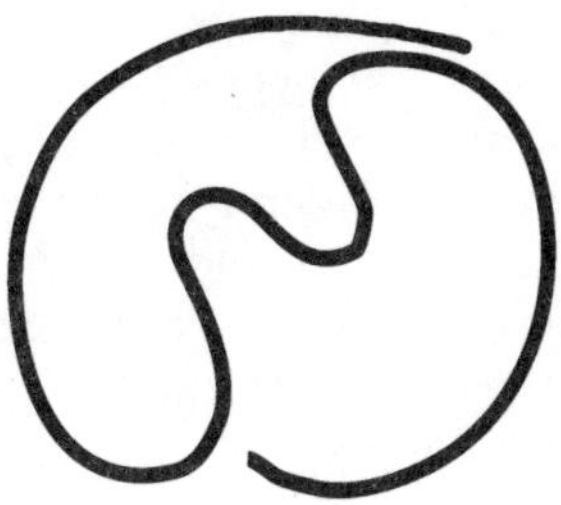

☐ Minuten

Legetest

In diesem Test geht es darum, mit den vorhandenen Grundfiguren die vorgegebenen Testfiguren möglichst schnell nachzulegen. Sie können den Testsatz der Grundfiguren zu diesem Zweck zweimal verwenden. Kopieren Sie den Grundfigurensatz, und schneiden Sie ihn aus. Sie erhalten dadurch zehn Figuren.

Legen Sie nun die neun Legefiguren ab Seite 68 mit den Grundfiguren des Buches nach. Sie müssen dazu nicht alle Grundfiguren verwenden. Oft genügen zwei oder drei. Ein Beispiel zeigt, wie es gemacht wird.

Beispiel:

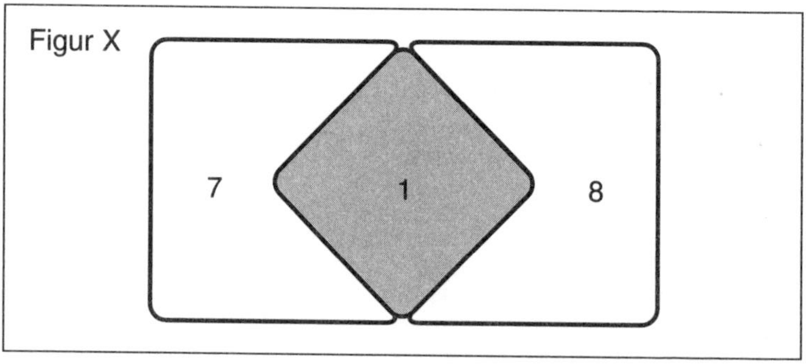

In die Figur ist die richtige Lage der Grundfiguren eingezeichnet. Verfahren Sie nun mit den übrigen Figuren ganz genauso. Legen Sie sie mit den kopierten Grundfiguren nach, und notieren Sie sich die dafür benötigte Zeit im Lösungsfeld.

Beginnen Sie nun mit dem Legetest. Sie haben 8 Minuten Zeit. Die Lösungshinweise zu diesem Test finden Sie auf Seite 87 ff.

Legetest: Grundfiguren

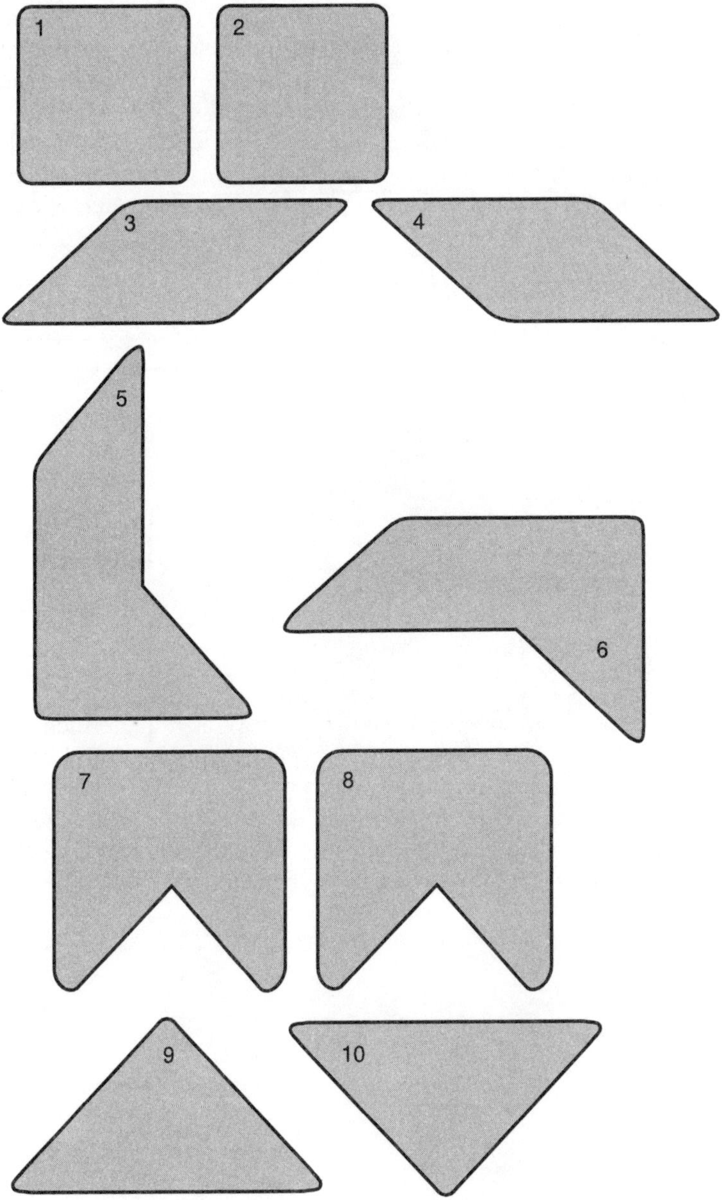

Figur 1

☐ Minuten

Figur 2

☐ Minuten

Figur 3

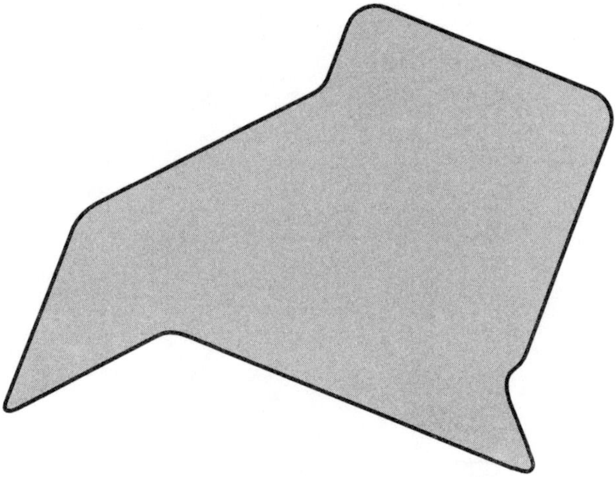

☐ Minuten

Figur 4

☐ Minuten

Figur 5

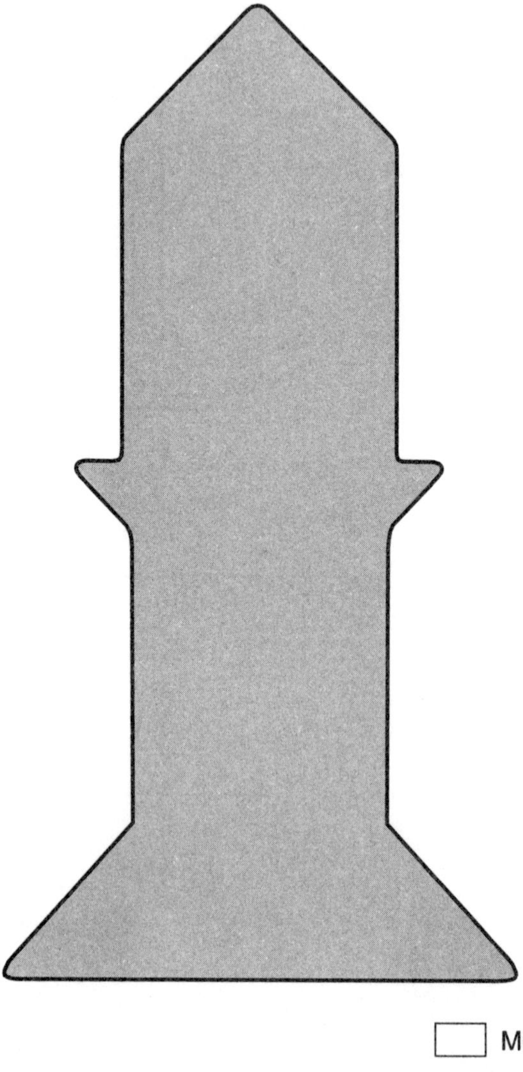

Figur 6

☐ Minuten

Figur 7

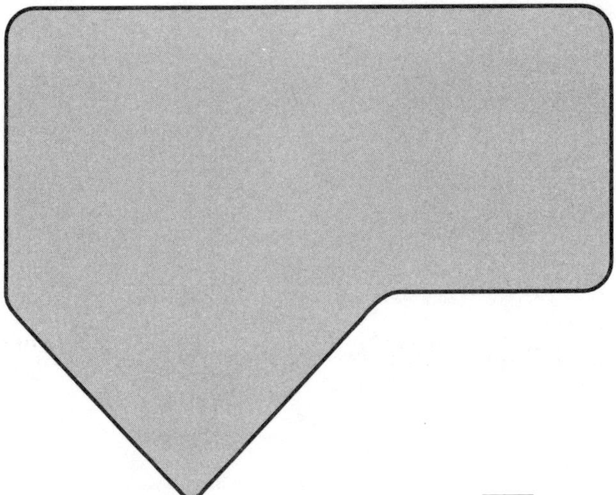

☐ Minuten

Figur 8

☐ Minuten

Figur 9

☐ Minuten

Ergänzungstest

Bei diesem Test müssen Sie Figuren in Gedanken wieder zusammensetzen. Tragen Sie die Lage der einzelnen ausgeschnittenen Teilfiguren mit einem Bleistift in die gerasterte Figur der jeweiligen Aufgabe ein. Dabei kommt es nicht darauf an, daß Sie millimetergenau arbeiten, sondern, daß Sie die grobe flächenmäßige Anordnung erkennen.

Die einzelnen Teilfiguren können dabei gedreht, gekippt oder gespiegelt werden. Wichtig ist, daß die Teile hinterher ohne Lücken zueinander passen. Dieser Test wird für Sie vermutlich der schwierigste Teiltest sein, weil Ihre Vorstellungskraft stark gefordert ist

Beispiel:

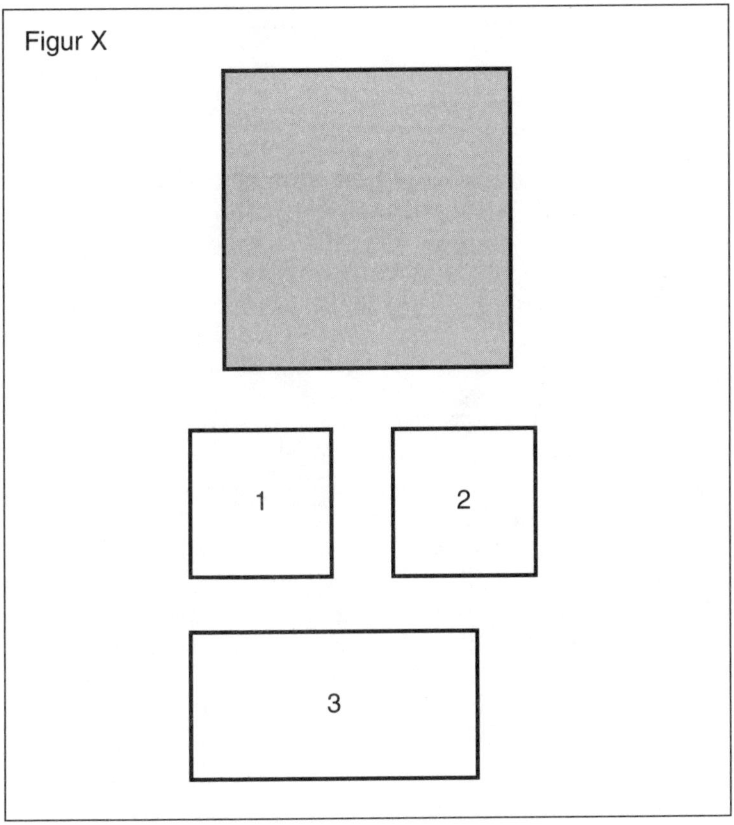

und Sie beinahe alles in Gedanken machen müssen. Sollte Ihnen dieser Test Schwierigkeiten bereiten, trösten Sie sich damit, daß es im nächsten Test mit einem völlig anderen Gebiet weitergeht.

Wir wollen uns eine mögliche Lösungsstrategie wieder anhand eines Beispiels ansehen.

Lösung:

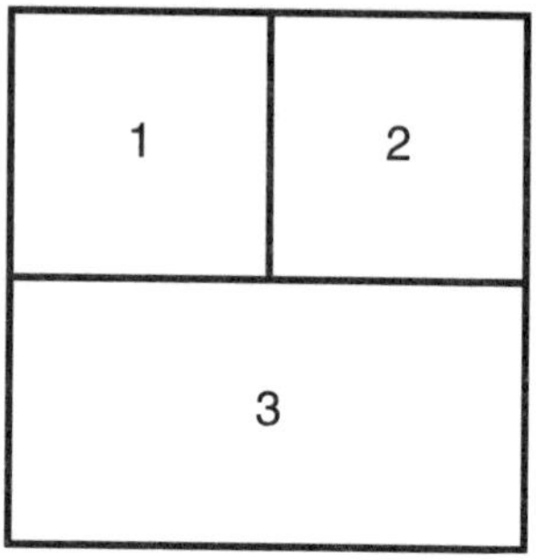

Ein weiteres Beispiel finden Sie auf der nächsten Seite. Der gerasterte Kreis wurde auseinandergeschnitten, Sie sollen ihn wieder zusammensetzen. Stellen Sie sich in Gedanken vor, daß der Durchmesser des Kreises eingezeichnet wäre. Dieser trennt den Kreis in zwei Hälften. Nun wird eine Hälfte des Kreises in drei Teile geschnitten, wobei der Kreismittelpunkt jeweils die Spitze eines Kreissektors bildet. Nachdem Sie gedanklich soweit vorgedrungen sind, können Sie nun mit den entsprechenden Geraden den gerasterten Kreis zerteilen. Ob Ihre Lösung richtig ist, überprüfen Sie am besten, indem Sie die einzelnen Teilfiguren zunächst kopieren und dann ausschneiden und auf den Kreis oder entsprechend auf die anderen Figuren legen.

Beginnen Sie nun mit dem Test. Tragen Sie die benötigte Zeit in das Lösungsfeld ein. Sie haben insgesamt 15 Minuten Zeit. Je schneller Sie die einzelnen Aufgaben bearbeiten, desto besser wird Ihr Gesamtergebnis. Falls Sie Fragen zur Testauswertung und zur Lösung der einzelnen Aufgaben haben, schauen Sie sich bitte das Kapitel 3.4 auf Seite 85 f. an. Die Lösung zu diesem Test finden Sie auf Seite 90 ff.

Beispiel:

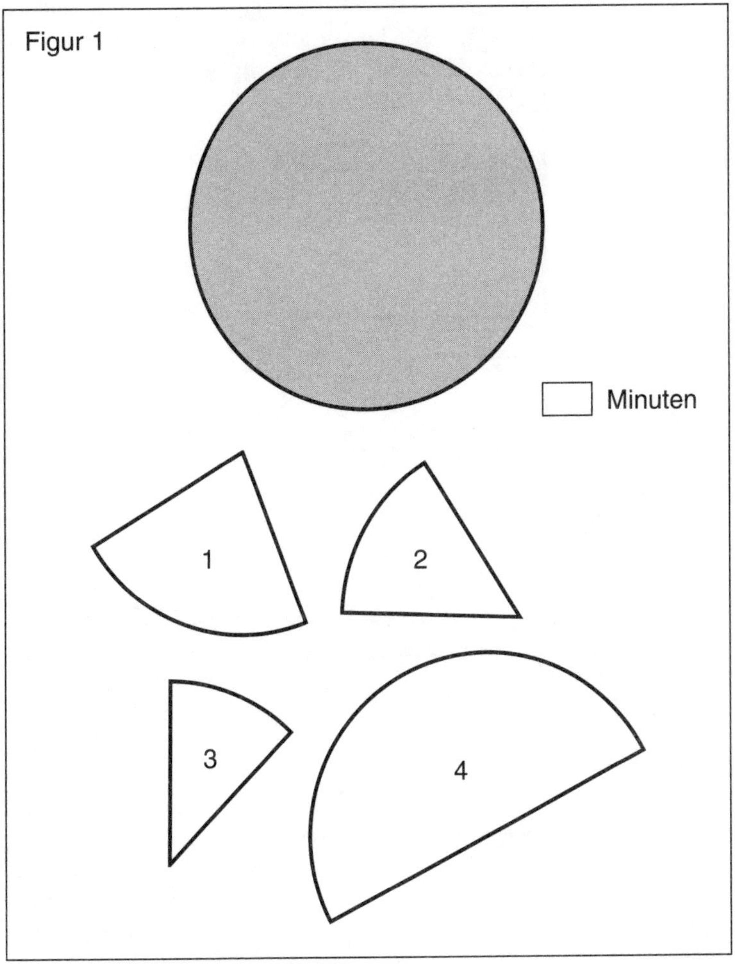

Figur 2

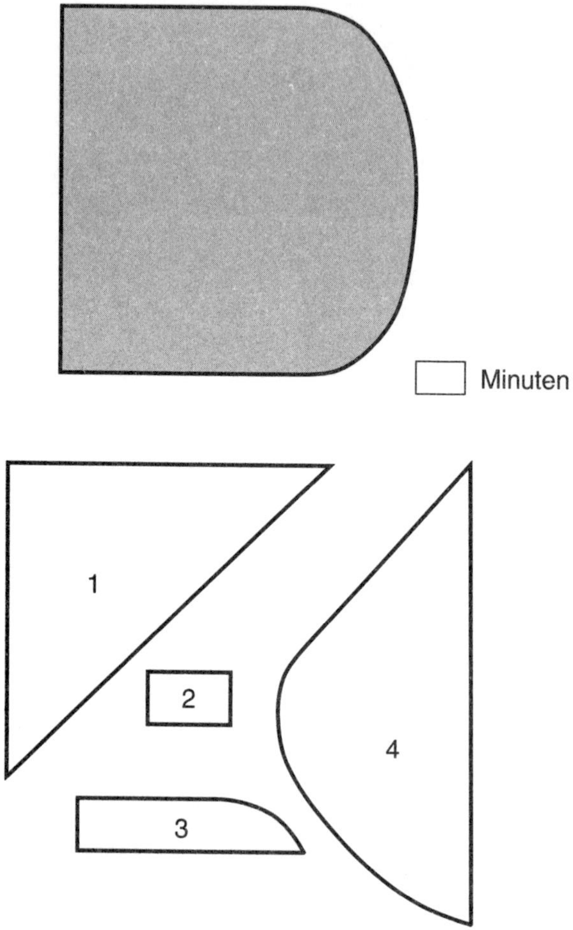

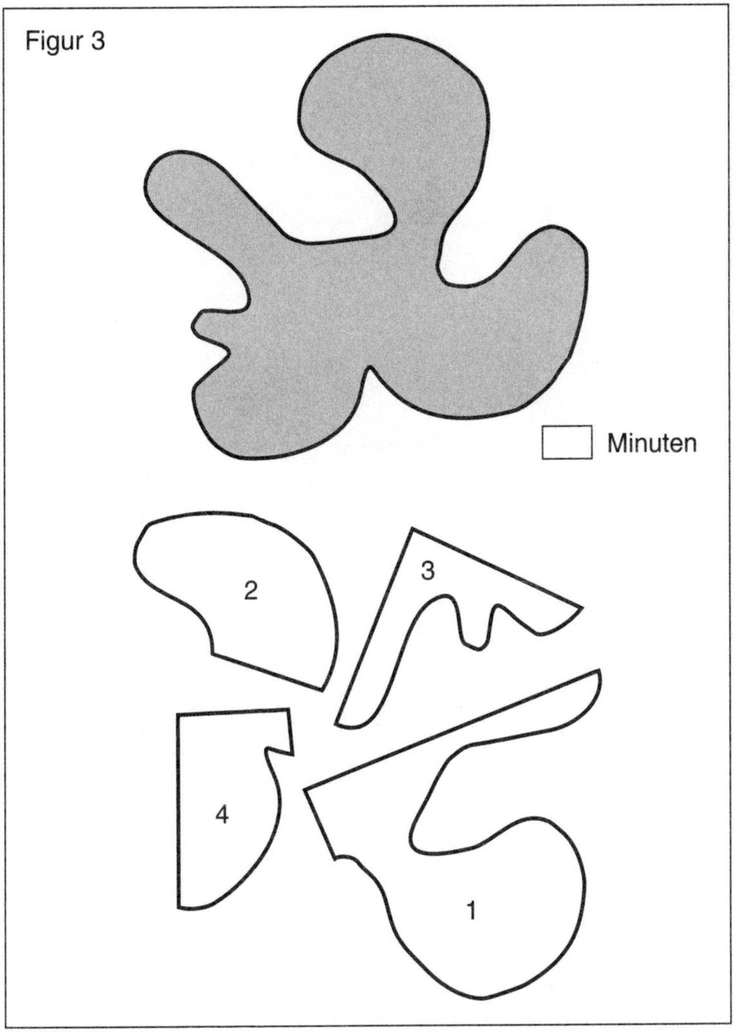
Figur 3
Minuten
2
3
4
1

Figur 4

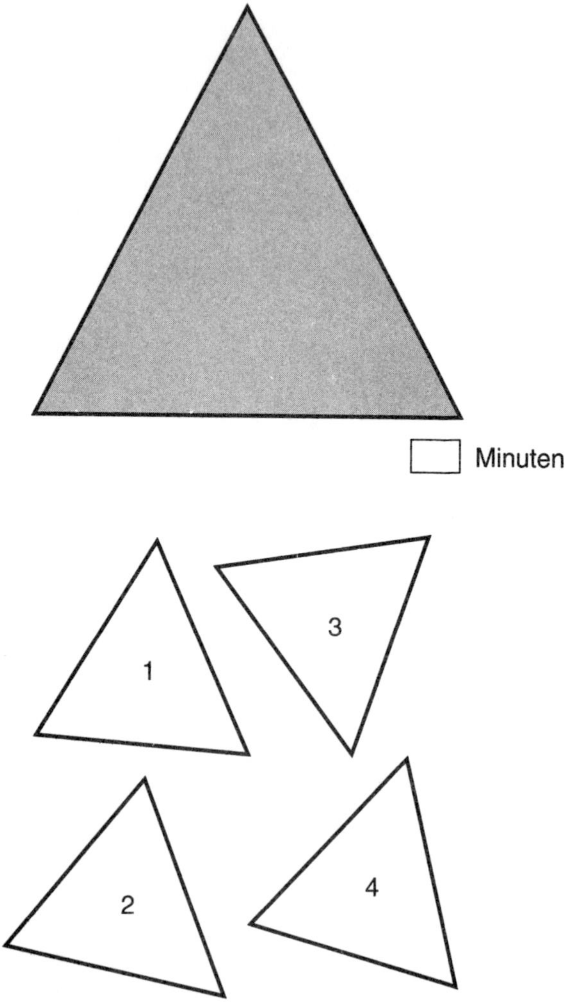

Figur 5

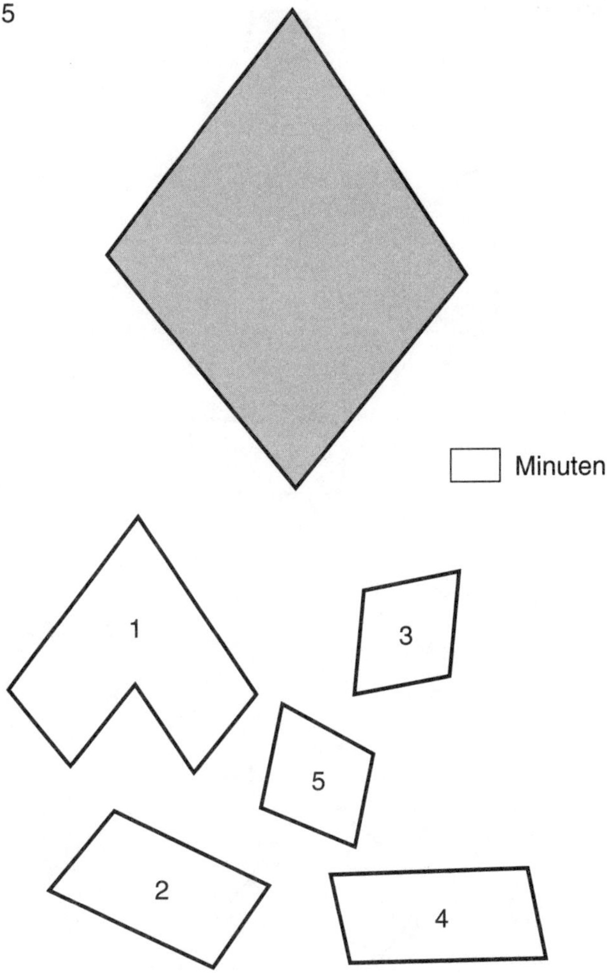

Figur 6

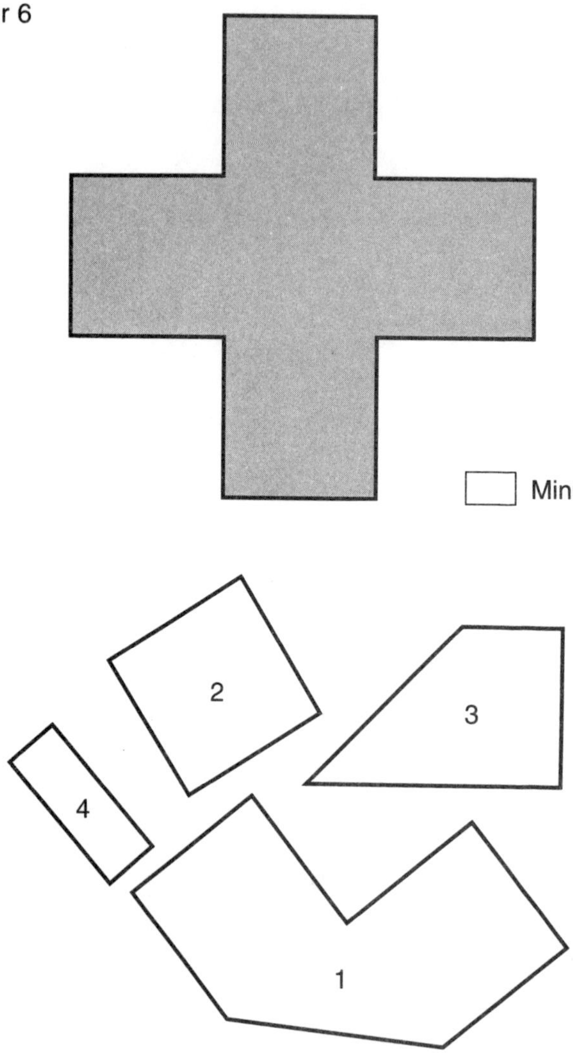

☐ Minuten

Figur 7

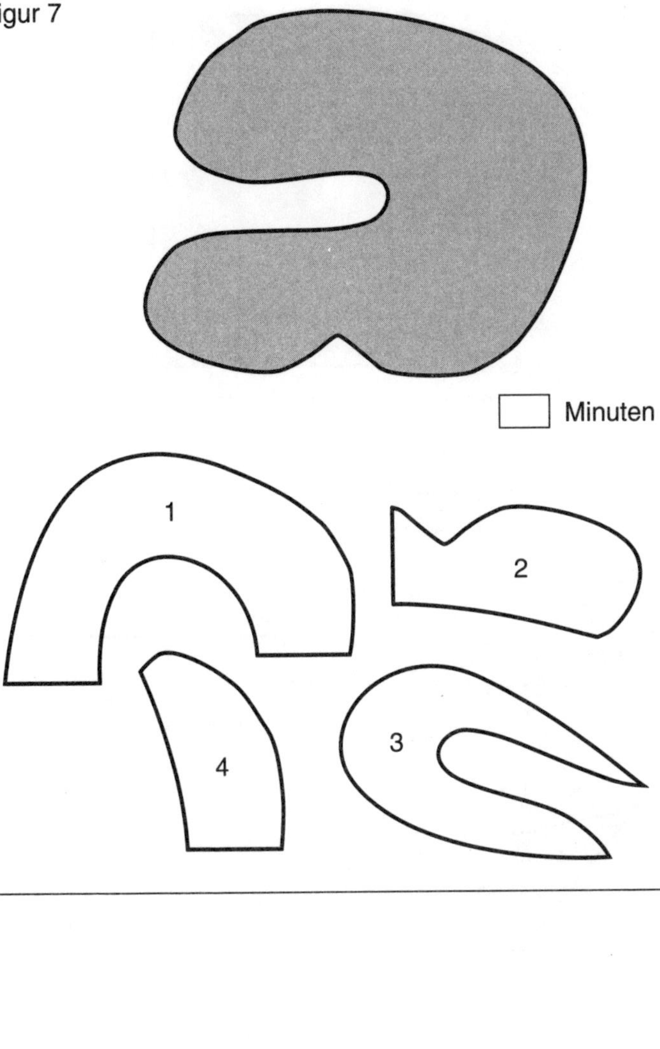

Figur 8

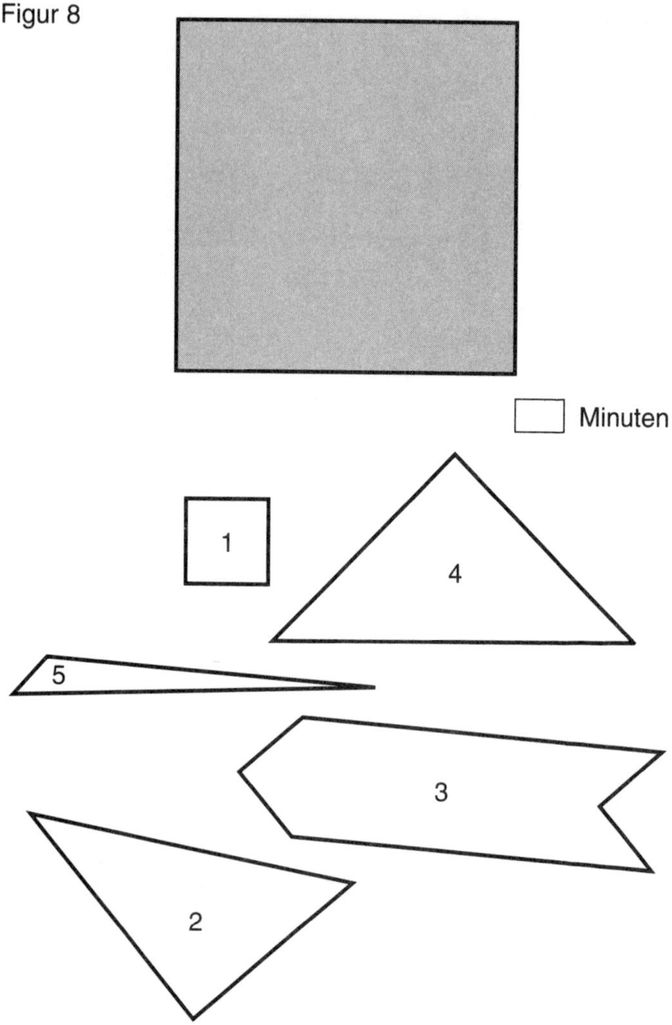

Figur 9

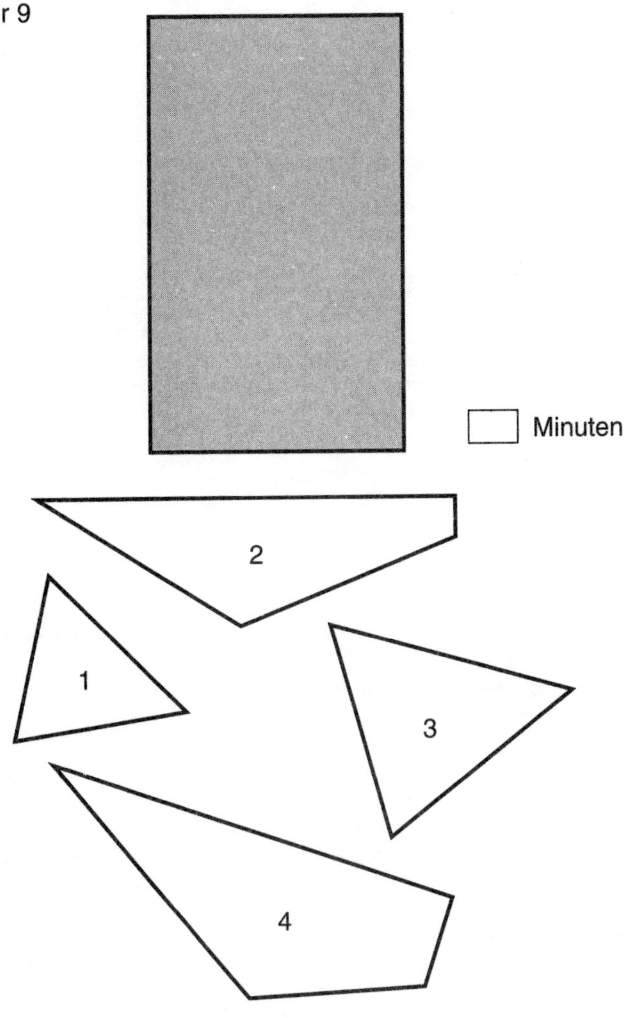

3.3 Lösungen

Lösungsbogen

Tragen Sie bitte in die Lösungstabelle Ihre Zeiten ein:

Drahtbiegetest

Figur Nr.	benötigte Minuten je Figur	erlaubte Gesamtzeit: 8 Minuten
1.	________	
2.	________	
3.	________	
4.	________	
5.	________	
6.	________	
7.	________	
8.	________	
9.	________	
Gesamtzeit für den Drahtbiegetest:		________

Legetest

Figur Nr.	benötigte Minuten je Figur	erlaubte Gesamtzeit: 8 Minuten
1.	________	
2.	________	
3.	________	
4.	________	
5.	________	
6.	________	
7.	________	
8.	________	
9.	________	
Gesamtzeit für den Legetest:		________

Ergänzungstest:

Figur Nr.	benötigte Minuten je Figur	erlaubte Gesamtzeit: 15 Minuten
1.	________	
2.	________	
3.	________	
4.	________	
5.	________	
6.	________	
7.	________	
8.	________	
9.	________	
Gesamtzeit für den Ergänzungstest:		________

Ermitteln Sie nun Ihre Gesamtzeit, indem Sie die Summe der einzelnen Zeiten bilden. Anhand der Umrechnungstabelle (vgl. S. 86) können Sie Ihre Zeitziffer direkt in Ihren Intelligenzquotienen für die praktische Intelligenz (PI) umwandeln.

benötigte Zeit für den Drahtbiegetest: __________
benötigte Zeit für den Legetest: __________
benötigte Zeit für den Ergänzungstest: __________

Gesamtzeit in Minuten: __________

3.4 Bewertungstabelle

In der folgenden Bewertungstabelle können Sie, genauso wie beim vorausgehenden Subtest, Ihren Intelligenzquotienen für den Bereich praktische Intelligenz (PI) entnehmen. Suchen Sie zunächst in der ersten Zeile nach Ihrer Altersgruppe. Gehen Sie dann in dieser Spalte soweit nach unten, bis Sie auf Ihre Gesamtzeit (in Minuten) treffen. In der letzten Spalte derselben Zeile finden Sie den dazugehörigen IQ.

Testauswertung					
14–16 Jahre	17–22 Jahre	23–30 Jahre	31 Jahre und älter	Gesamt-bewertung	Intel-ligenz-quotient
Minuten	Minuten	Minuten	Minuten		bitte hier ankreu-zen
1–11	1–08	1–09	1–12	sehr gut	über 130
12–17	9–15	10–14	13–17	gut	ca. 120
18–21	16–18	14–16	18–20	überdurch-schnittlich	ca. 110
22–24	19–21	17–21	21–23	unterdurch-schnittlich	ca. 90
25–30	22–27	22–27	24–31	gering	ca. 80
31 und mehr	28 und mehr	28 und mehr	32 und mehr	sehr gering	unter 70

Bitte beachten Sie, daß die praktische Intelligenz nur ein Teilaspekt Ihrer gesamten Intelligenz ist. Wenn diese Wertung für Sie enttäuschend ausgefallen ist, könnte Ihr Schwerpunkt auf einem anderen Gebiet liegen. Sie können durch Training diesen Bereich der Intelligenz noch gezielt fördern. Zum besseren Verständnis gibt Ihnen die nachfolgende Auswertung Lösungshinweise.

3.5 Lösungshinweise

Drahtbiegetest

Beim Drahtbiegestest (Figur 1 bis 9) ist leider keine direkte Auswertung möglich. Sie müssen sich auf Ihre Selbstkritik verlassen.

Wenn es damit nicht zum Besten bestellt ist, sollten Sie die Auswertung einer anderen Person übertragen. Schlechte Ergebnisse werden mit einem Zeitzuschlag von 1 bis 5 Minuten bedacht.

Zur Selbstkontrolle können Sie Ihre Biegearbeit über die Abbildung im Buch legen. Sind die Drahtbiegearbeit und die Linie im Buch deckungsgleich, so ist die Aufgabe gelöst. Gegebenenfalls dürfen Sie nachbesseren. Sie sollten nicht mehr als 8 Minuten für die Lösung dieser Aufgabe benötigt haben.

Legetest

Im Legetest (Figur 10 bis 18) sollen Sie die eingezeichneten Figuren des Buches mit den zuvor kopierten und ausgeschnittenen Grundfiguren nachlegen. Ein Vergleich mit dem Buch zeigt Ihnen dann, ob Ihre Lösung richtig ist. Sie sollten nicht mehr als 8 Minuten für die Lösung dieser Aufgabe benötigt haben.

Einzelne Lösungsvorschläge finden Sie in den folgenden kleinen Abbildungen. Beachten Sie bitte, daß in einzelnen Fällen auch eine andere als die abgebildete Lösung korrekt sein kann.

Lösung Figur 1

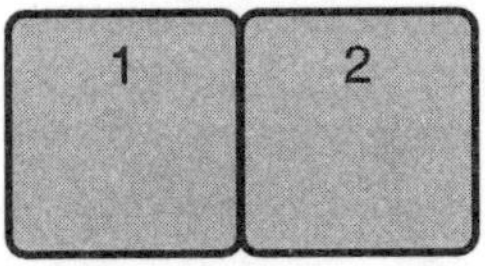

Lösung Figur 2

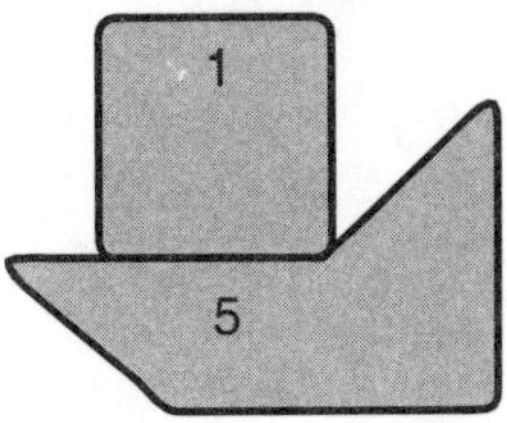

Lösung Figur 3

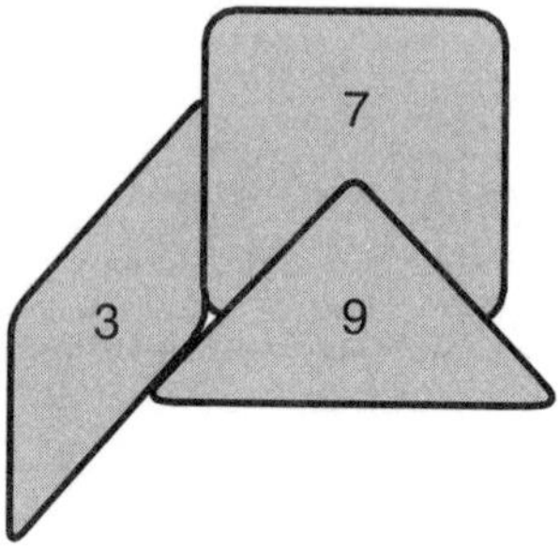

Lösung Figur 4

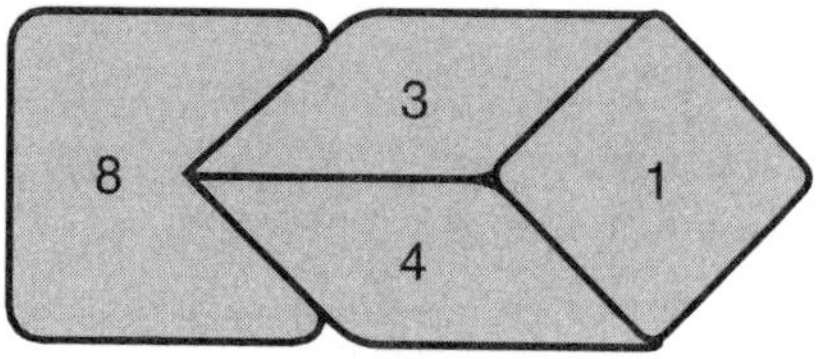

Lösung Figur 5

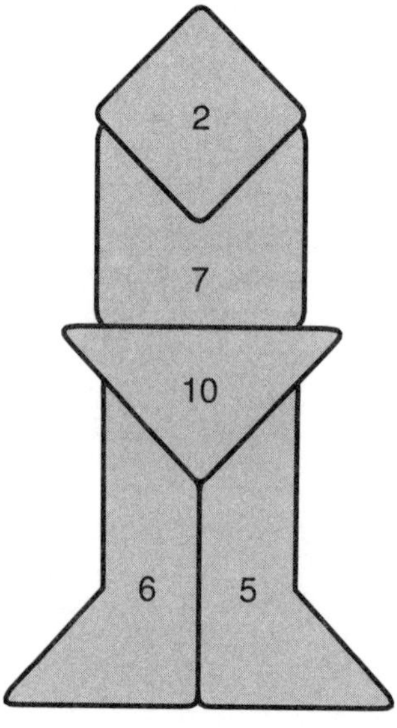

Lösung Figur 6

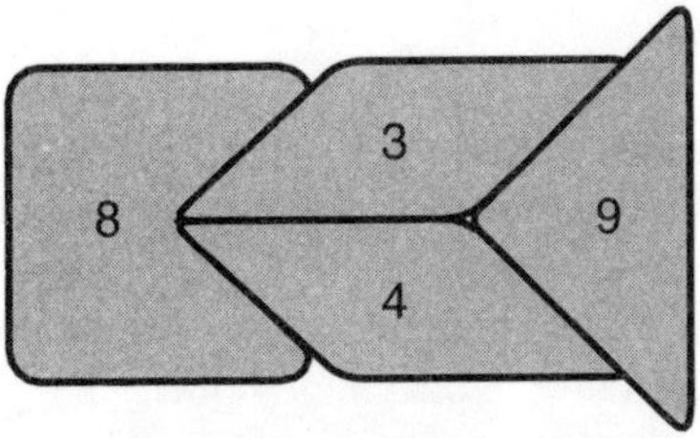

Lösung Figur 7

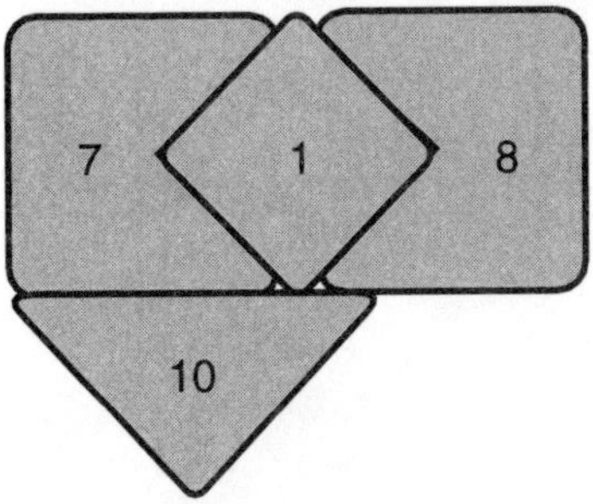

Lösung Figur 8

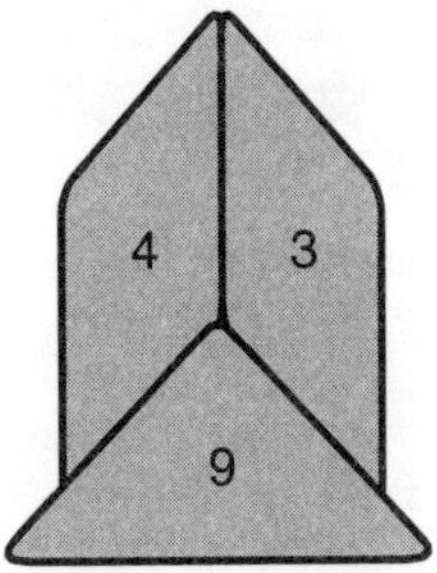

Lösung Figur 9

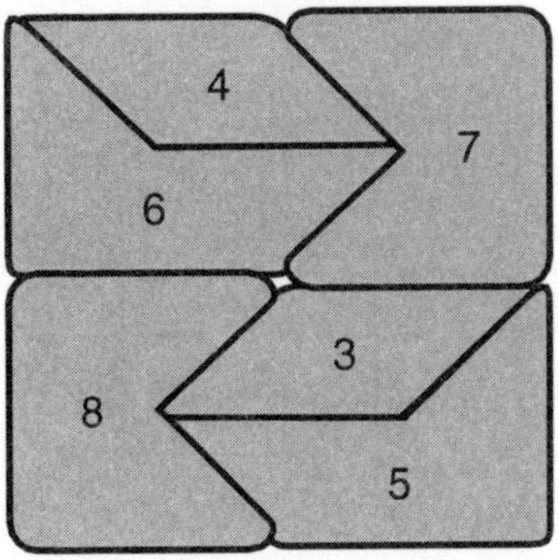

Ergänzungstest

Beim Ergänzungstest geht es darum, in Gedanken die vorgegebenen gerasterten Figuren aus den darunter abgebildeten Teilstücken zusammenzusetzen. Sie können die ungefähre Lage der Teilstücke in die Ausgangsfigur einzeichnen. Allerdings müssen Sie nicht hundertprozentig richtig gezeichnet haben. Es genügt die grobe Andeutung der richtigen Lösung.

Wenn Sie überprüfen möchten, ob Ihre Lösung richtig war, müssen Sie die Teilstücke kopieren und ausschneiden und danach auf die Figur legen. Wenn die Teilstücke diese Figur komplett überdecken, ist die Lösung korrekt.

Sie sollten für diese Aufgabe nicht mehr als 15 Minuten benötigt haben.

Lösung Figur 1

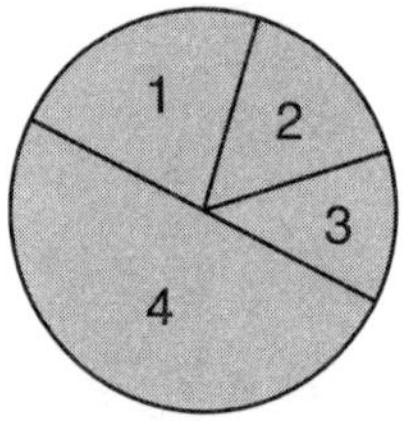

Lösung Figur 2

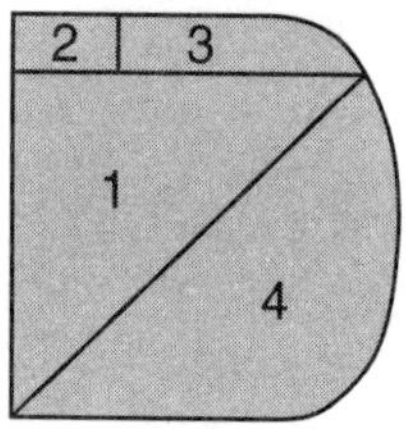

Lösung Figur 3

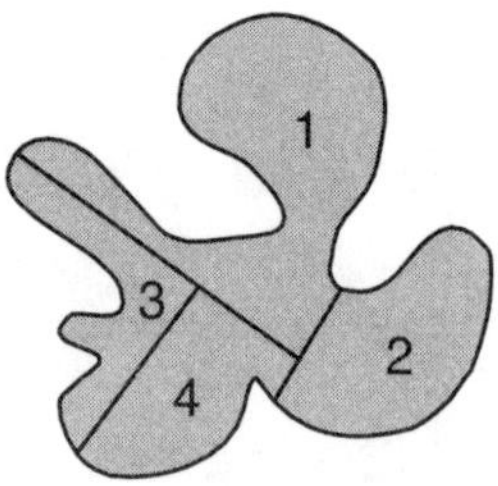

Lösung Figur 4

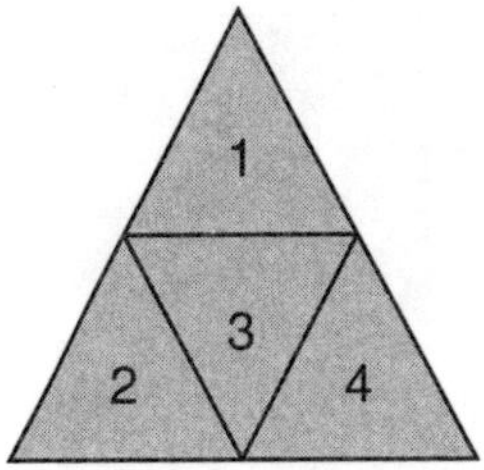

Lösung Figur 5

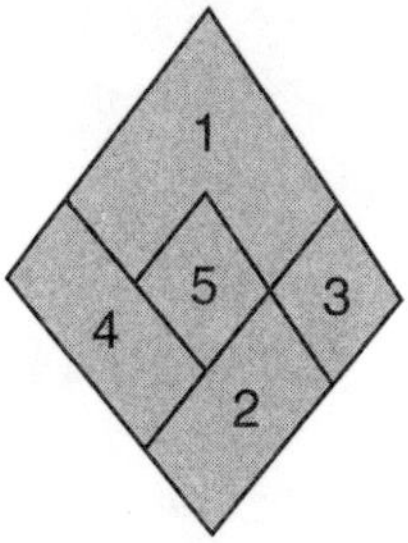

Lösung Figur 6

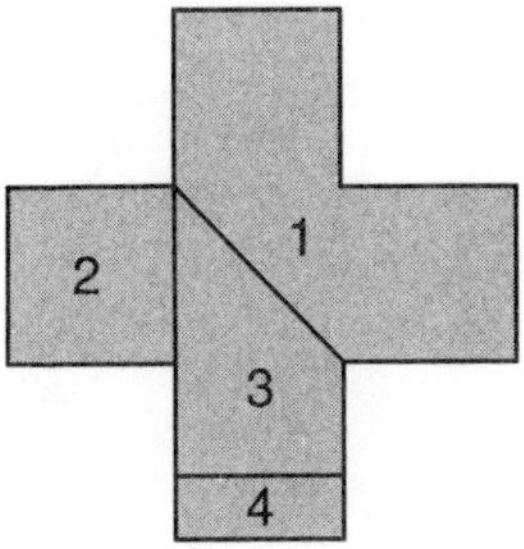

Lösung Figur 7

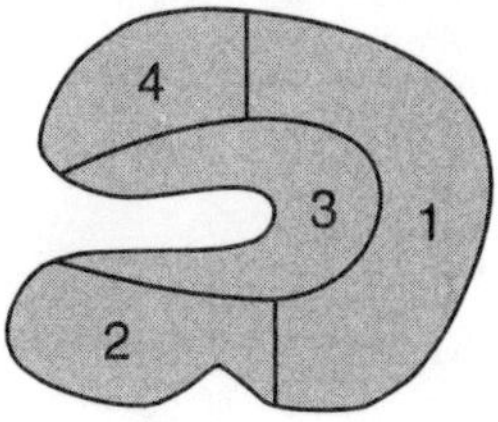

Lösung Figur 8

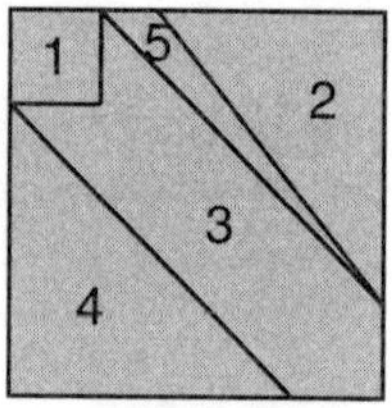

Lösung Figur 9

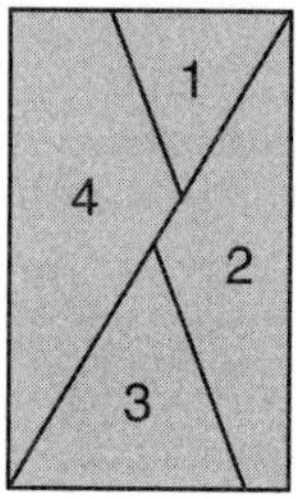

4 Test für mathematische Intelligenz (MI)

4.1 Testanweisung

Die folgende Testgruppe besteht aus Zahlen, Zahlenmustern und Zahlengruppen, die einer bestimmten Logik unterliegen. Sie sollen die Zahlen analysieren und die jeweils richtige Lösung unter vier Alternativen heraussuchen. Vielen der Zahlenreihen oder -muster liegen einfache mathematische Regeln zugrunde. Andere wiederum berufen sich auf die Mengenlehre oder auf die allgemeine Logik. Um die Regeln zu finden, benötigen Sie zumeist ein wenig Übung und beinahe immer gute Konzentration. Sie arbeiten auch bei diesem Test wieder mit der Uhr, und die Aufgaben haben eine Zeitbegrenzung.

Wenn Sie gerne mit Zahlen umgehen, dann bietet Ihnen diese Aufgabe einige Vorteile. Sie können unbefangen an die Aufgaben herangehen und diese leichter, vielleicht auch eleganter lösen.

Zahlenreihen

Einige der Testaufgaben werden durch Zahlenreihen repräsentiert. Auch wenn Sie mit Mathematik wenig „am Hut“ haben, sollten Sie diese Aufgaben doch in Angriff nehmen. Am einfachsten ist es, wenn Sie nach den Gesetzmäßigkeiten suchen, die hinter der vorgegebenen Aufgabe stecken.

Beispiel:

Führen Sie die Zahlenreihe fort. Kreuzen Sie die richtige Lösung an.

1	2	4	7	11	16	?

(a) 20 (b) 23 (c) 22 (d) 24

Sehen Sie sich die Zahlenreihe genau an. Zu der ersten Zahl wird 1 addiert, zu dem Ergebnis 2, dann folgen 3, 4 und so weiter. Da die 16 die sechste Zahl ist, muß 6 hinzuaddiert werden. Das gesuchte Ergebnis lautet also 22. Sie müssen (c) ankreuzen.

Bruchreihen

Bei den Bruchaufgaben müssen Sie aufpassen. Nicht immer sind diese Bruchdarstellungen echte Brüche im mathematischen Sinne. Sie können also weder gekürzt, erweitert oder multipliziert werden. In der Regel sind sogar die oberen Zahlen (Zähler) von den unteren Zahlen (Nenner) unabhängig.

Beispiel:

Ergänzen Sie den fehlenden Bruch. Kreuzen Sie die richtige Lösung an.

20	17	14	11	8	?
2	6	10	14	18	

(a) $\frac{3}{20}$ (b) $\frac{5}{22}$ (c) $\frac{4}{24}$ (d) $\frac{7}{23}$

Die obere Zahlenreihe nimmt kontinuierlich ab, und zwar durch die Subtraktion von 3. Im letzten „Bruch“ muß also die Zahl 5 folgen. Schauen wir uns die untere Reihe an, so findet sich ein ähnliches Konzept. Die Zahl 2 wird um jeweils 4 vermehrt. Das Ergebnis der letzten Rechenoperation ist demnach 22. Als richtige Lösung dieser „Bruchreihe“ müssen Sie also (b) ankreuzen.

Zahlenquadrate

Bei Zahlenquadraten oder leicht abgewandelten Aufgaben müssen Sie neben der Abfolge der Zahlen auch auf den mathematischen Zusammenhang achten. Betrachten wir auch hier wieder ein Beispiel:

Beispiel:

Ergänzen Sie die fehlende Zahl. Kreuzen Sie die richtige Lösung an.

4	1	3
3	5	7
3	4	?

(a) 1 (b) 3 (c) 7 (d) 0

Wenn Sie genau überlegen, dann sehen Sie, daß die Spaltensumme des Zahlenquadrats jeweils zehn ergibt. In der letzten Spalte lautet die Differenz zu 10: 0, es fehlt also nichts mehr. Das richtige Ergebnis lautet: 0. Sie müssen also (d) ankreuzen.

Andere Zahlenquadrate können anders aufgebaut sein. So kann es zum Beispiel vorkommen, daß nur die Quersumme berücksichtigt wird. Sogenannte Zauberquadrate hingegen berücksichtigen Quer-, Spalten-, und Diagonalsummen. Diese müssen alle gleich lauten.

Beginnen Sie nun mit dem Rechentest. Sie haben 15 Minuten Zeit. Die Lösung zu den Aufgaben finden Sie auf Seite 107f.

4.2 Test III: Mathematische Intelligenz (MI)

1. Kreuzen Sie die fehlende Zahl an:

2	4	6	8	10	?

(a) 10 (b) 12 (c) 14 (d) 16

2. Welche Zahl paßt?

15			23		
19	24		27	?	

(a) 29 (b) 40 (c) 34 (d) 32

3. Welcher Bruch paßt in die Reihe?

20	17	14	11	8	?
4	7	10	13	16	

(a) $\frac{6}{16}$ (b) $\frac{7}{19}$ (c) $\frac{5}{18}$ (d) $\frac{5}{19}$

4. Welche Zahl folgt?

1	3	6	10	15	?

(a) 21 (b) 20 (c) 22 (d) 19

5. Welcher Bruch paßt?

2	4	8	16	32	?
1	2	6	24	120	

(a) $\frac{74}{240}$ (b) $\frac{64}{660}$ (c) $\frac{64}{720}$ (d) $\frac{78}{720}$

6. Welche Zahl fehlt?

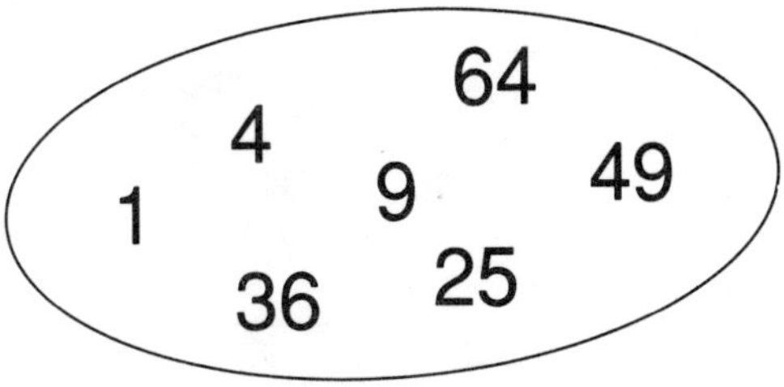

(a) 19 (b) 16 (c) 14 (d) 17

7. Welche Zahl beendet die Reihe?

31	30	15	14	7	?

(a) 5 (b) 4 (c) 3 (d) 6

8. Welche Bruchzahl paßt in die Reihe?

$\frac{4}{10}$ $\frac{20}{20}$ $\frac{15}{10}$ $\frac{75}{21}$?

(a) $\frac{70}{13}$ (b) $\frac{150}{33}$ (c) $\frac{70}{10}$ (d) $\frac{150}{13}$

9. Welche Bruchzahl folgt?

4	6	12	14	28	?
3	6	8	16	18	

(a) $\frac{30}{20}$ (b) $\frac{30}{36}$ (c) $\frac{56}{32}$ (d) $\frac{56}{20}$

10. Kreuzen Sie die fehlende Zahl an?

2	3	5
7	11	13
17	19	?

(a) 23 (b) 27 (c) 21 (d) 25

11. Welche Bruchzahl folgt?

7	5	6	4	5	?
3	2	9	8	15	

(a) $\frac{4}{14}$ (b) $\frac{3}{16}$ (c) $\frac{3}{14}$ (d) $\frac{4}{17}$

12. Kreuzen Sie die Zahl an, die zu den anderen paßt:

63	81	114	?

(a) 140 (b) 131 (c) 122 (d) 123

13. Welche drei Zahlen passen in die Reihe?

7	21	13	10	9	?
11	4	8	10	17	
15	8	12	13	7	

(a) $\begin{array}{c}12\\\hline 16\\\hline 15\end{array}$ (b) $\begin{array}{c}12\\\hline 9\\\hline 12\end{array}$ (c) $\begin{array}{c}9\\\hline 7\\\hline 9\end{array}$ (d) $\begin{array}{c}12\\\hline 17\\\hline 9\end{array}$

14. Welche Zahlen passen in den Kreis?

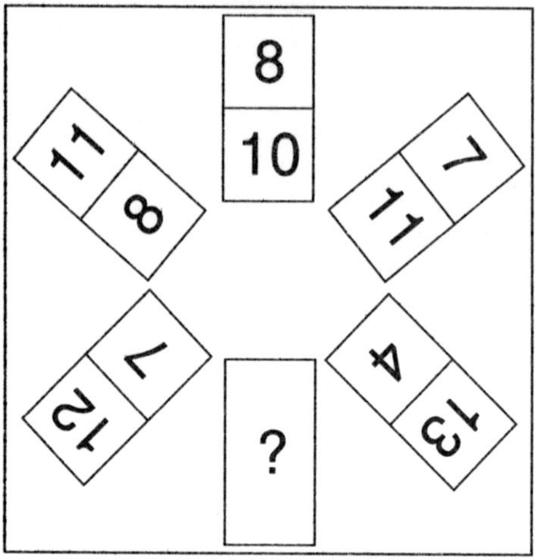

(a) $\frac{14}{7}$ (b) $\frac{13}{14}$ (c) $\frac{12}{5}$ (d) $\frac{13}{13}$

15. Welcher Bruch folgt?

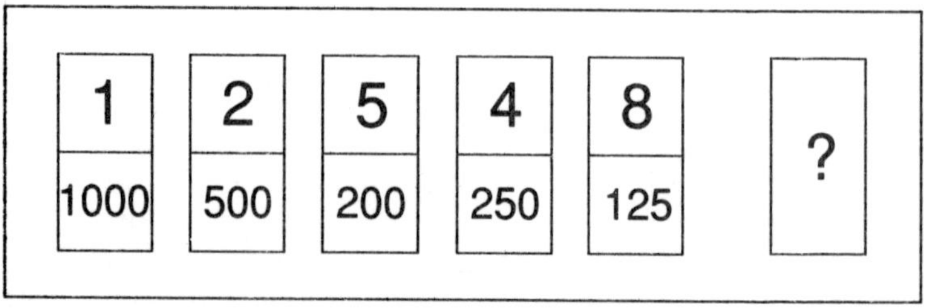

(a) $\frac{16}{72{,}5}$ (b) $\frac{19}{72}$ (c) $\frac{16}{62{,}5}$ (d) $\frac{24}{62{,}5}$

16. Welche Zahl fehlt im Quadrat?

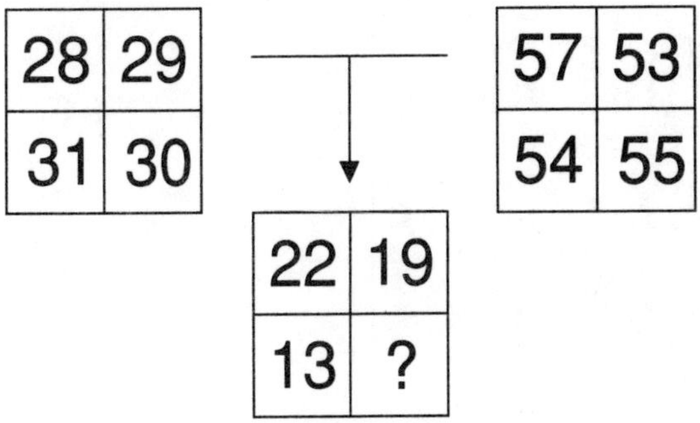

(a) 15 (b) 13 (c) 30 (d) 19

17. Die Zahlen bilden Paare. Zeichnen Sie die Paare ein und beantworten Sie die Frage: Welche Zahl gehört zu 24?

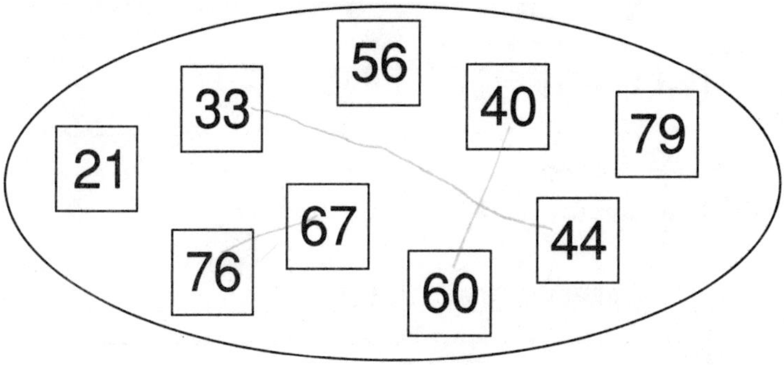

(a) 44 (b) 76 (c) 56 (d) 40

18. Zwei Zahlen sind gesucht:

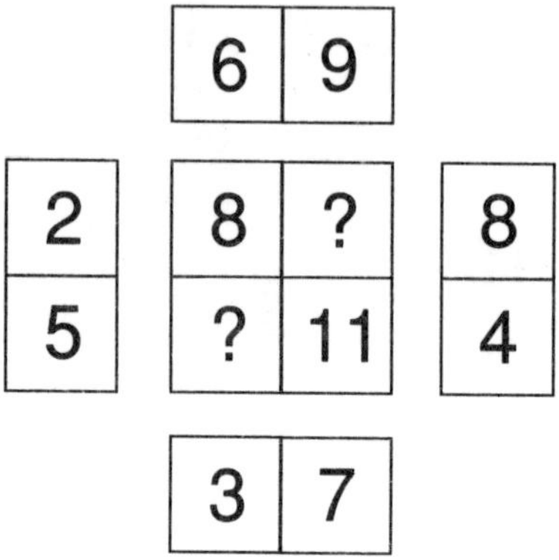

(a) 2/2 (b) 18/20 (c) 18/14 (d) 8/17

19. Welche Zahl folgt?

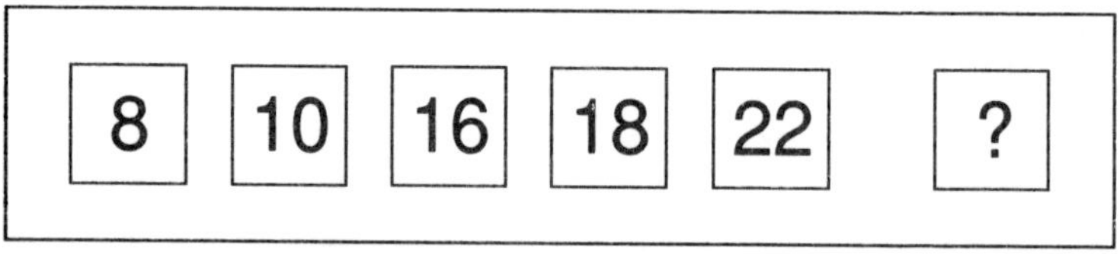

(a) 22 (b) 26 (c) 28 (d) 24

20. Welche Zahl komplettiert das System?

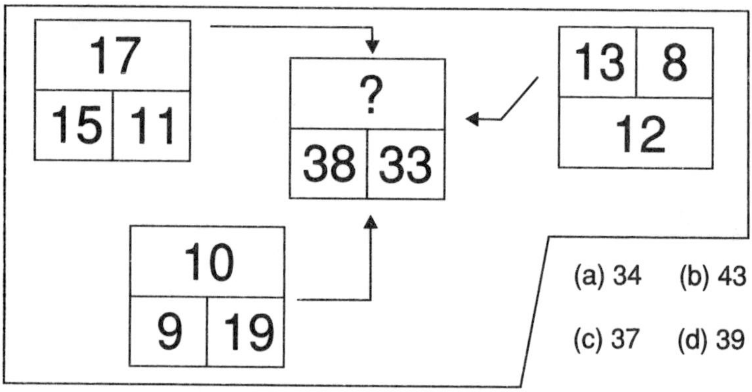

(a) 34 (b) 43

(c) 37 (d) 39

21. Welche Karte paßt?

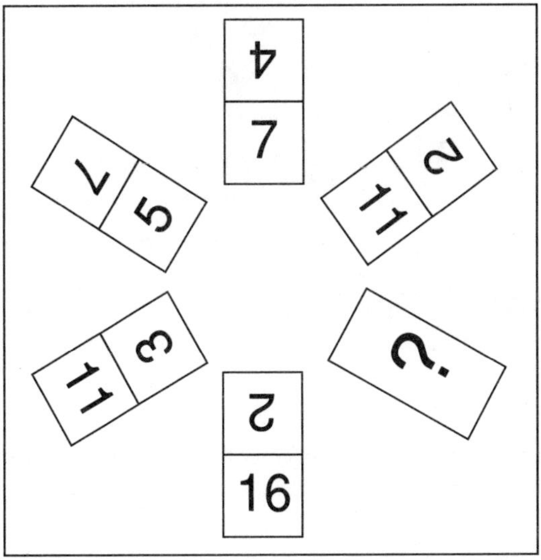

(a) $\frac{17}{20}$ (b) $\frac{13}{0}$ (c) $\frac{13}{1}$ (d) $\frac{11}{22}$

22. Die Karten werden gedreht? Welche paßt? Die Pfeile geben die Verlaufrichtung an.

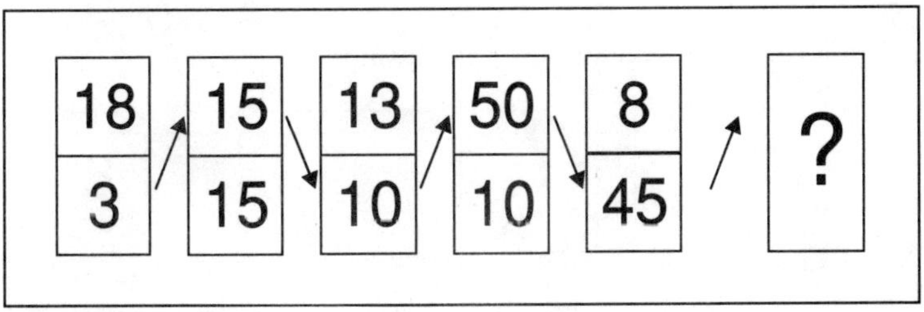

(a) $\frac{225}{6}$ (b) $\frac{220}{5}$ (c) $\frac{220}{6}$ (d) $\frac{225}{5}$

23. Welche Karte folgt?

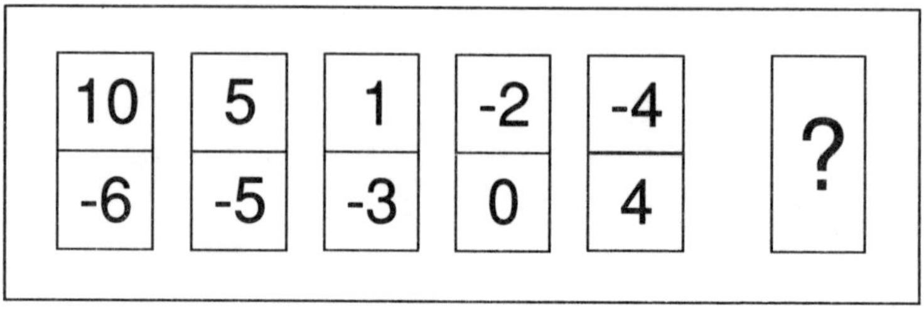

(a) $\frac{-6}{9}$ (b) $\frac{-5}{8}$ (c) $\frac{-5}{9}$ (d) $\frac{-6}{7}$

24. Welches Zahlenpaar komplettiert den zweiten Block? Die Pfeile geben die Drehrichtung der Karten an.

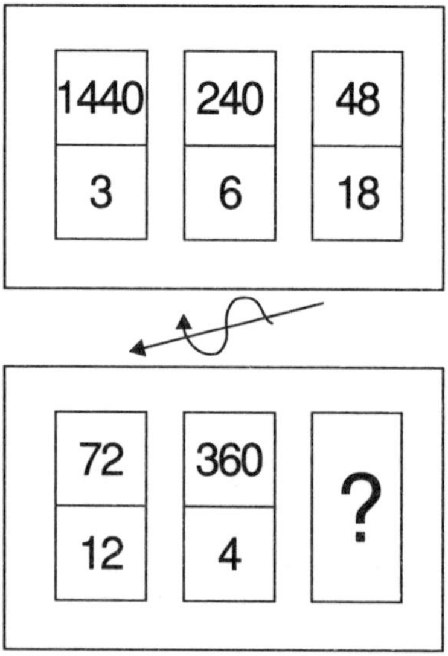

(a) $\frac{2160}{2}$ (b) $\frac{2060}{0}$

(c) $\frac{2060}{1}$ (d) $\frac{2}{2160}$

25. Welche Zahl fehlt?

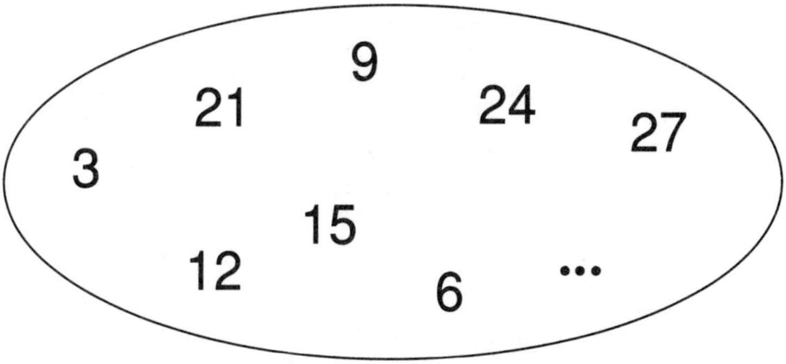

(a) 8 (b) 7 (c) 16 (d) 18

26. Welche Zahl liegt in der Schnittmenge?

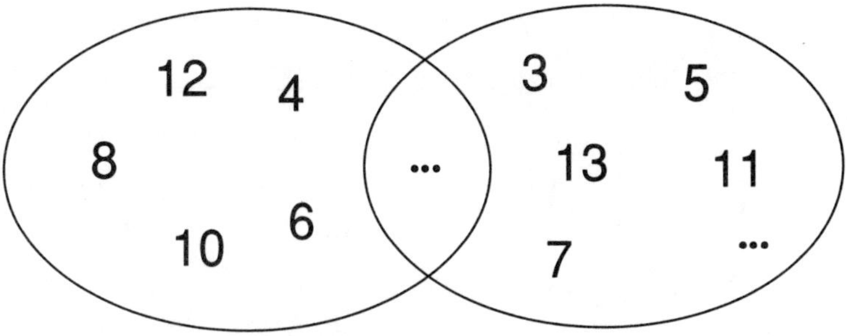

(a) 14 (b) 2 (c) 16 (d) 1

27. Welcher Bruch paßt in die Reihe? Der Pfeil gibt die Verlängerung der Reihe an.

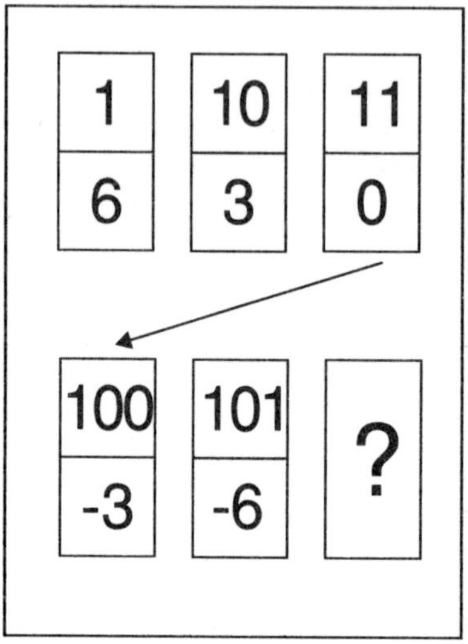

(a) $\frac{111}{-9}$ (b) $\frac{110}{-12}$

(c) $\frac{111}{-12}$ (d) $\frac{110}{-9}$

28. Welche Zahl komplettiert das Quadrat?

1	2	10
11	12	20
21	22	?

(a) 200 (b) 30

(c) 23 (d) 100

29. Welche Zahl paßt in das letzte Quadrat?

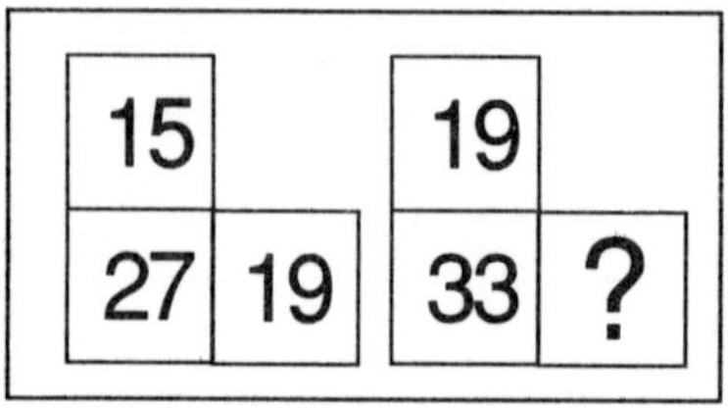

(a) 19 (b) 18

(c) 14 (d) 16

4.3 Lösungen

Lösungsbogen

Im Lösungsbogen sind die richtigen Lösungen zu den Aufgaben zur mathematischen Intelligenz angegeben. Tragen Sie dahinter Ihre Lösung ein, und geben Sie sich für jede richtige Lösung einen Punkt. Zählen Sie zum Schluß alle Punkte zusammen. Tragen Sie hier Ihre Lösung ein:

Test-Item Nr.	richtige Lösung	meine Lösung	Punkte
1.	(b)	a b c d	______
2.	(d)	a b c d	______
3.	(d)	a b c d	______
4.	(a)	a b c d	______
5.	(c)	a b c d	______
6.	(b)	a b c d	______
7.	(d)	a b c d	______
8.	(c)	a b c d	______
9.	(b)	a b c d	______
10.	(a)	a b c d	______
11.	(c)	a b c d	______
12.	(d)	a b c d	______
13.	(b)	a b c d	______
14.	(c)	a b c d	______
15.	(c)	a b c d	______
16.	(b)	a b c d	______
17.	(b)	a b c d	______
18.	(d)	a b c d	______
19.	(d)	a b c d	______
20.	(b)	a b c d	______
21.	(c)	a b c d	______

Test-Item Nr.	richtige Lösung	meine Lösung	Punkte
22.	(d)	a b c d	______
23.	(c)	a b c d	______
24.	(a)	a b c d	______
25.	(d)	a b c d	______
26.	(b)	a b c d	______
27.	(d)	a b c d	______
28.	(b)	a b c d	______
29.	(b)	a b c d	______
Ihre Gesamtpunktzahl:			______

Die Summe Ihrer Punkte ist zugleich die Wertung für Ihre mathematische Intelligenz.

Anhand der folgenden Bewertungstabelle können Sie unter Ihrer Punktzahl nachsehen, welchem Intelligenzquotienten Ihre Leistung entspricht. Berücksichtigen Sie bei der Bewertung bitte Ihre Altersgruppe.

4.4 Bewertungstabelle

Aus der folgenden Bewertungstabelle können Sie entnehmen, wie gut Sie in diesem Subtest (MI) abgeschnitten haben. Suchen Sie zunächst in der ersten Zeile nach Ihrer Altersgruppe, dann folgen Sie der Spalte, bis Sie auf Ihre Gesamtpunktzahl treffen. In der letzten Spalte derselben Zeile finden Sie den zugehörigen IQ zum Bereich mathematische Intelligenz.

Testauswertung					
14–16 Jahre	17–22 Jahre	23–30 Jahre	31 Jahre und älter	Gesamt-bewertung	Intel-ligenz-quotient
Punkte	Punkte	Punkte	Punkte		bitte hier ankreu-zen
24–30	26–30	28–30	25–30	sehr gut	über 130
17–23	23–25	22–27	17–24	gut	ca. 120
12–16	20–22	19–21	15–16	überdurch-schnittlich	ca. 110
10–11	17–19	17–18	13–14	unterdurch-schnittlich	ca. 90
08–09	15–16	15–16	11–12	gering	ca. 80
07 und weniger	14 und weniger	14 und weniger	10 und weniger	sehr gering	unter 70

Bitte beachten Sie, daß die mathematische Intelligenz nur ein Teilaspekt Ihrer gesamten Intelligenz ist. Wenn diese Wertung für Sie enttäuschend ausgefallen ist, könnte Ihr Schwerpunkt in einem anderen Bereich liegen.

Wollen Sie sich verbessern? Der nächste Abschnitt gibt Ihnen detaillierte Lösungshinweise für jede Aufgabe.

4.5 Lösungshinweise

1. (b) Zu der vorausgehenden Zahl wird jeweils 2 hinzuaddiert. Die Berechnung der letzten Zahl aus der Reihe ergibt: $10 + 2 = 12$. Die Lösung lautet: 12.
2. (d) Zu der Zahl 15 wird 4 addiert, das ergibt 19. Zu 19 wird 5 addiert, das ergibt 24. Im nächsten „Zahlendreieck“ wird genauso verfahren. $23 + 4 = 27$ und $27 + 5 = 32$. Das ist die gesuchte Lösung.

3. (d) In der oberen Zahlenreihe wird jeweils die Zahl 3 subtrahiert. Deshalb muß die letzte Rechnung lauten: 8 – 3 = 5. In der unteren Zahlenreihe hingegen wird jeweils die Zahl 3 addiert. Die Lösung der unteren Zahlenreihe lautet dementsprechend: 19. Die gesuchte Gesamtlösung lautet also: 5/19.
4. (a) In der Zahlenreihe wird jeweils eine um 1 größere Zahl addiert. Beginnend mit +2, +3, +4, + 5 folgt nun: 15 + 6 = 21. Das ist die gesuchte Zahl.
5. (c) Die Zahlen der oberen Zahlenreihe werden jeweils verdoppelt. Die letzte Rechnung der oberen Zahlenreihe lautet also: 32 x 2 = 64.
   In der unteren Zahlenreihe werden die Zahlen mit einer jeweils um 1 ansteigenden Zahl multipliziert. Die Zahlen ergeben dementsprechend: 1 x 2 = 2; 2 x 3 = 6; 6 x 4 = 24; 24 x 5 = 120.
   Die letzte Zahl der unteren Reihe muß deshalb lauten: 120 x 6 = 720. Die Lösung ist deshalb 64/720.
6. (b) In der Mengenschleife sind alle Quadratzahlen von 1 bis 64 enthalten. Es fehlt das Quadrat von 4.
   $4^2 = 16$ ist die gesuchte Lösung.
7. (d) In der Zahlenreihe dieser Aufgabe werden zwei Rechenoperationen durchgeführt: Subtraktion und Division. Von der vorausgehenden Zahl wird zunächst eine 1 subtrahiert und das Ergebnis notiert.
   In der zweiten Rechenoperation wird dieses Ergebnis dann durch 2 dividiert. Da die vorletzte Zahl 7 aus einer Division durch 2 entstanden ist, wird nun die 1 subtrahiert.
   Das Ergebnis lautet: 6.
8. (c) In der oberen Zahlenreihe der Bruchzahl wird abwechselnd mit 5 multipliziert und dann 5 vom Ergebnis subtrahiert.
   Die vorletzte Zahl 75 entstand durch eine Multiplikation, die nachfolgende Rechenoperation muß also lauten: 75 – 5 = 70.
   In der unteren Zahlenreihe der Bruchzahl wird abwechselnd addiert und dann subtrahiert. Dabei steigen die Zahlen von 10 ausgehend jeweils um 1 an.
   Die bisher gemachten Rechenoperationen sind: 10 + 10 = 20; 20 – 10 = 10; 10 + 11 = 21. Es folgt: 21 – 11 = 10.
   Der Bruch 70/10 ist also die gesuchte Lösung.

9. (b) Die obere Zahlenreihe bildet sich aus den Rechenoperationen + 2 und x 2. Die vorletzte Zahl 28 entstand aus: 14 x 2 = 28.
Es folgt nun die Operation 28 + 2 = 30.
Die zweite Zahlenreihe wird aus denselben Rechenoperationen gebildet; nur beginnt diese Zahlenreihe mit der Zahl 3 und statt einer Addition mit einer Multiplikation um 2. Die letzte Zahl 18 ist aus der Addition 16 + 2 = 18 entstanden.
Die letzte Rechenoperation muß deshalb lauten: 18 x 2 = 36.
Der gesuchte Bruch ist also 30/36.

10. (a) Betrachtet man die Zahlen im vorgegebenen Zahlenquadrat genau, so erkennt man, daß es sich um die Reihe der Primzahlen handelt. Die Primzahlenreihe bricht bei 19 ab. Die nächstgrößere Primzahl ist: 23.

11. (c) In der oberen Zahlenreihe wechseln sich die Subtraktion – 2 und die Addition + 1 ab. Die letzte Zahl 5 ist durch die Addition 4 + 1 = 5 entstanden.
Die gesuchte Zahl ist demnach: 5 – 2 = 3.
In der unteren Zahlenreihe wird die Subtraktion – 1 mit der Addition + 7 abgewechselt. Die letzte Zahl 15 ist durch die Addition 8 + 7 = 15 entstanden.
Die Lösung muß also lauten: 15 – 1 = 14.
Der gesuchte Bruch ist demnach: 3/14.

12. (d) Alle vorgegebenen Zahlen sind durch 3 teilbar („gerade“). Bei den Lösungsvorschlägen ist nur die Zahl 123 durch 3 teilbar. Sie ist deshalb die richtige Lösung.

13. (b) Addiert man die senkrechten Spalten zusammen, ergibt sich jeweils die Zahl 33. Die richtige Lösung muß also auch in der Summe 33 ergeben. Das trifft bei der Lösung (b) zu.

14. (c) Die Addition von Zähler und Nenner der ersten beiden Brüche 12/7 und 11/8 ergibt 19.
Die Addition von Zähler und Nenner der nächsten beiden Brüche 11/7 und 8/10 ergibt 18.
Die Addition von Zähler und Nenner des letzten Bruchs 13/4 ergibt 17. Die Addition des Zählers und des Nenners der Lösung muß also ebenfalls 17 ergeben. Das trifft bei 12/5 zu.

15. (c) Die obere Bruchzahl mit der unteren multipliziert ergibt immer 1000.
Die richtige Lösung lautet: 16 x 62,5 = 1000, also 16/62,5.

16. (b) Diese Aufgabe lösen Sie am besten, wenn Sie aus dem jeweils ersten Kästchen jedes Zahlenquadrats die Quersumme berechnen. Aus den Zahlenquadraten oben links ergibt sich bei der Quersummenberechnung folgendes Ergebnis (Kästchen oben links): 2 + 8 + 5 + 7 = 22. 22 lautet auch dic Zahl, die im dritten Quadrat oben links steht.
Die Kästchen oben rechts ergeben: 2 + 9 + 5 + 3 = 19. 19 lautet auch die Zahl, die im dritten Quadrat oben rechts steht.
Die Kästchen unten links ergeben: 3 + 1 + 5 + 4 = 13. 13 lautet auch die Zahl, die im dritten Quadrat unten links steht.
Die Zahlen wurden also jeweils in das Ergebnisquadrat eingetragen. Die Lösung der Aufgabe muß nach demselben Schema lauten (Kästchen unten rechts): 3 + 0 + 5 + 5 = 13. Damit ist (b) die gesuchte Lösung.

17. (b) Die zu bildenden Zahlenpaare haben immer die Lösung 100 (z.B. 33 + 67 = 100; 60 + 40 = 100 etc.). Zu 24 gehört deshalb die ergänzende Zahl 76.

18. (d) Die beiden äußeren Zahlen der Graphik werden jeweils übers Eck addiert und ergeben die Zahl im inneren Zahlenquadrat. Es gelten die Operationen: 2 + 6 = 8; 7 + 4 = 11; 5 + 3 = 8 und 9 + 8 = 17. Die gesuchten Zahlen lauten: 8 unten links; 17 oben rechts, also 8/17.

19. (d) Die Zahlenreihe wird durch Additionen gebildet, und zwar wird abwechselnd + 2 addiert und dann im nächsten Schritt ausgehend von 6 jeweils noch einmal addiert, wobei von 6 in jedem Schritt – 2 abgezogen wird (also + 2 addiert, dann + 6 addiert, dann wieder + 2 addiert, aber dann nur noch + 4 addiert wird). Die letzte Zahl muß einfach nur noch mit + 2 addiert werden.
Die Rechenoperationen müssen zur Verdeutlichung dementsprechend sein: 8 + 2 = 10; 10 + 6 = 16; 16 + 2 = 18, 18 + 4 = 22; 22 + 2 = 24. 24 ist die Lösung.

20. (b) Von jedem der drei äußeren Zahlenquadrate wird die Summe gebildet. Das Ergebnis wird in das mittlere Zahlenquadrat eingetragen. Folgende Rechnungen ergeben sich: 10 + 9 + 19 = 38; 13 + 8 + 12 = 33. Als Lösung erhalten wir: 17 + 15 + 11 = 43.

21. (c) Es ergeben sich zwei Zahlenreihen. Die äußere Zahlenreihe ist folgendermaßen aufgebaut. Ausgehend von 2 wird entgegen dem Uhrzeigersinn jeweils + 2, + 3, + 4 und + 5

dazuaddiert. Die Zahlenreihe lautet also: 2 + 2 = 4; 4 + 3 = 7; 7 + 4 = 11; 11 + 5 = 16. Die Lösung dieser Zahlenreihe erhält man nun, indem man zu 1 entsprechend 1 hinzuzählt, um die Ausgangszahl 2 zu erhalten. 1 + 1 = 2. Die Lösung der äußeren Zahlenreihe lautet also: 1. (Sie könnte auch 22 lauten, wenn man zu 16 entsprechend 6 addiert, aber es ist keine Karte mit der entsprechenden Lösung (13 bzw. 1) für die innere Zahl vorhanden, die im äußeren Bereich 22 enthält.

Die innere Zahl dieser Zahlenreihe erhält man auf ganz andere Art. Die innere Zahlenreihe lautet im Uhrzeigersinn: 2, 3, 5, 7, 11 – es ist die Primzahlenreihe. Als Lösung muß entsprechend die nächste Primzahl, die 13, folgen. (Akzeptabel wäre auch die Lösung 1, denn verfährt man entgegen dem Uhrzeigersinn, so ist die nächstkleinere Primzahl nach 2 die 1. Doch auch in diesem Fall ist kein Zahlenpaar 1/22 oder 1/1 vorhanden.)

Das Zahlenpaar 13/1 stellt also die Lösung dar.

22. (d) Es gibt wieder zwei Zahlenreihen, wobei die Karten jeweils gedreht werden. Die erste Zahlenreihe entsteht aus der jeweiligen Multiplikation der Ausgangszahl mit 5 und dann der Subtraktion von 5. Die Operationen im einzelnen: 3 x 5 = 15; 15 – 5 = 10; 10 x 5 = 50; 50 – 5 = 45; 45 x 5 = 225. 225 ist die Lösung der ersten Reihe.

Die zweite Zahlenreihe besteht aus der wechselnden Subtraktion von – 3 und – 2. Die einzelnen Operationen lauten: 18 – 3 = 15; 15 – 2 = 13; 13 – 3 = 10; 10 – 2 = 8; 8 – 3 = 5. 5 ist die gesuchte Lösung der zweiten Reihe.

Die Karte 225/5 enthält die gesuchte Gesamtlösung.

23. (c) Es ergeben sich zwei Zahlenreihen, wobei in der oberen Zahlenreihe jeweils in absteigender Reihenfolge ab 5 subtrahiert wird. Die Rechnung ergibt: 10 – 5 = 5; 5 – 4 = 1; 1 – 3 = – 2 und – 2 – 2 = – 4. Die gesuchte Zahl lautet: – 4 – 1 = – 5.

Die untere Zahlenreihe wird mittels Additionen gebildet. Die natürliche Zahl 1 wird in aufsteigender Folge addiert: -6 + 1 = – 5; – 5 + 2 = – 3; – 3 + 3 = 0; 0 + 4 = 4. Die letzte Addition lautet: 4 + 5 = 9.

Die gesuchte Karte lautet also: -5/9.

24. (a) Es ergeben sich zwei Zahlenreihen, die allerdings im zweiten Kasten verdreht aufgeschrieben werden. Die erste Zahlenreihe lautet somit: 1440; 240; 48; 12; 4; X.

Die zweite Zahlenreihe lautet: 3; 6; 18; 72; 360; X.
Jetzt ist es relativ einfach, die Rechenoperationen zu finden, die die einzelnen Zahlen untereinander verbinden. In der ersten Reihe die Division durch 6; 5; 4; 3. In der zweiten Reihe die Multiplikation mit 2; 3; 4; 5.
Also sehen die Reihen folgendermaßen aus. Die erste Reihe: 1440 : 6 = 240; 240 : 5 = 48; 48 : 4 = 12; 12 : 3 = 4. Die zweite Reihe: 3 x 2 = 6; 6 x 3 = 18; 18 x 4 = 72; 72 x 5 = 360.
Die noch fehlenden Zahlen ergeben sich aus der Division bzw. Multiplikation mit der Nachfolgezahl der ersten Reihe (6, 5, 4, 3, 1), also der 2 bzw. der zweiten Reihe: (2, 3, 4, 5), also der 6.
Die gesuchten Zahlen sind also: 4 : 2 = 2 für die erste Reihe und für die zweite Reihe: 360 x 6 = 2160. Die Gesamtlösung lautet 2160/2.

25. (d) In der Mengenschleife ist die Menge aller durch 3 teilbaren Zahlen von 3 bis 27 enthalten. Dabei fehlt als einzige Zahl die Zahl 18.

26. (b) Das erste Mengendiagramm besteht aus der Menge der durch 2 teilbaren Zahlen bis 12. Das zweite Mengendiagramm stellt die Menge der Primzahlen bis 13 dar. Als Schnittmenge ergibt sich die einzige gerade Primzahl, nämlich 2.

27. (d) Die obere Zahlenreihe enthält die Zahlen von 1 bis 6 in der Dualschreibweise. Die Zahl 6 wird in der Dualschreibweise als 110 dargestellt.
In der unteren Zahlenreihe wird jeweils die Zahl 3 von der Ausgangszahl 6 bzw. dem jeweiligen Ergebnis subtrahiert. Es ergibt sich -9 als Lösung.
Das Lösungspaar ist dann 110/-9.

28. (b) Im Zahlenquadrat wird zu der horizontalen Zahl in vertikaler Richtung jeweils 10 hinzugezählt, also: 1 + 10 = 11 und 11 + 10 = 21 etc. Die letzte Rechnung muß deshalb lauten: 10 + 10 = 20; 20 + 10 = 30. Die gesuchte Zahl ist 30.

29. (b) Die Lösung der ersten drei Quadrate erfolgt durch die Addition der jeweils miteinander multiplizierten Quersummenbestandteile 1 und 5 bzw. 2 und 7. Daraus folgt die Rechenoperation: 1 x 5 + 2 x 7 = 19.
Die Rechenoperation bei den zweiten drei Quadraten muß lauten: 1 x 9 + 3 x 3 = 18. 18 ist die gesuchte Zahl.

5 Test für sprachliche Intelligenz (SI)

5.1 Testanweisung

Der nachfolgende Test mißt Ihre sprachliche Intelligenz (SI). Diese setzt sich aus verschiedenen Faktoren zusammen: Erkennen von gleichen Wortbedeutungen, Analogien, korrekte Wiederholung von Sprichwörtern, Gedächtnisprüfung und Wortgewandtheit. Der letzte Faktor wird in diesem Test schriftlich erfaßt.

Zur Lösung der gestellten Aufgaben sind neben einem gewissen Sprachgefühl auch analytische Fähigkeiten erforderlich. Eine weitere Hilfe bieten Ihnen eine gute Konzentrationsfähigkeit und ein gutes Gedächtnis.

Um Ihnen die verschiedenen Aufgabentypen zu erläutern, möchte ich hier zunächst die wichtigsten vorstellen.

Analogien

Beispiel:

Die Begriffe:

(a) Hund (b) Hase (c) Katze (d) Tiger

werden Ihnen vorgegeben. Kreuzen Sie das Tier an, das nicht in die vorgegebene Reihe paßt.

In diesem Fall ist (d) die richtige Lösung, weil der Tiger kein Haustier ist. Die Analogie der drei anderen Tiere besteht also darin, daß sie alle Haustiere sind. (Sie hätten übrigens auch noch eine andere Analogie konstruieren können, wenn Sie davon ausgegangen wären, daß Hund, Katze und Tiger Fleischfresser sind und nur der Hase sich aus dieser Gruppe von Pflanzen ernährt. Auch dies wäre eine mögliche Lösung gewesen).

Beispiel:

Hieße die Reihe:

(a) Hund (b) Hase (c) Katze (d) Huhn

müßten Sie (c) ankreuzen, weil die Katze einen Namen hat, der nicht mit H beginnt und mehr als vier Buchstaben aufweist. Sie könnten aber auch (d) ankreuzen, mit der Begründung, daß alle anderen genannten Tiere vier Beine haben, nur das Huhn hat zwei Beine und zwei Flügel. Auch für diese Lösung werden in dem Test Punkte vergeben. (d) gilt als die zweitbeste Lösung.

Sprichwörter

Sie bekommen allgemein bekannte Sprichwörter vorgelegt, die unvollständig oder falsch formuliert wurden. Sie sollen diese Sprichwörter berichtigen oder den korrekten Schluß finden.

Beispiel:

Kreuzen Sie die richtige Aussage an:

Wer den Thaler nicht ehrt..

(a) Ist die DM nichts wert.
(b) Hat den Dollar begehrt.
(c) Ist den Pfennig nicht wert.
(d) Ist allgemein nicht viel wert.

Die richtige Antwort lautet: (c).

Die anderen Aufgaben in diesem Testteil sind mehr oder weniger Abwandlungen der oben genannten Grundmuster.

Beginnen Sie nun mit dem Test sprachliche Intelligenz. Sie haben 15 Minuten Zeit.

5.2 Test IV: Sprachliche Intelligenz (SI)

1. Kreuzen Sie das Wort an, das nicht zu den anderen paßt:

(a)	Auto
(b)	Laster
(c)	Bus
(d)	Hubschrauber

2. In jedem der folgenden Buchstabenkombinationen ist der Name eines Tieres enthalten. Kreuzen Sie das Tier an, das nicht zu den anderen paßt:

(a) ISILT
(b) EASH
(c) SHNIECW
(d) ATEKZ

3. Wie endet das Sprichwort? Kreuzen Sie die zutreffende Lösung an:

Wer anderen eine Grube gräbt, ...

(a) weiß, wo sie ist.
(b) fällt nicht hinein.
(c) fällt selbst hinein.
(d) ist hinterher klüger.

4. Kreuzen Sie das Wort an, das nicht zu den anderen paßt:

(a) Luftraum
(b) Flügel
(c) Kerosin
(d) Bagger

5. Wie endet das Sprichwort? Kreuzen Sie die zutreffende Lösung an:

Vater werden ist nicht schwer, ...

(a) Sohn sein dagegen sehr.
(b) Vater sein dagegen sehr.
(c) Mutter werden doch noch mehr.
(d) Opa werden um so mehr.

6. Wenn Sie die Buchstaben UDALMO neu zusammensetzen, was erhalten Sie dann?

(a) Land
(b) Tier
(c) Fluß
(d) Stadt

7. Welches Wort, das Sie aus der Buchstabenkombination bilden sollen, bezeichnet keinen Beruf?

(a) REBKÄC
(b) IERALKV
(c) TAZR
(d) SIDCHEM

8. Kreuzen Sie die Stadt an, die sich aus der Buchstabenkombination ergibt und die nicht in Deutschland liegt:

(a) SAKLES
(b) BGKSGRENÖI
(c) GATRTUTST
(d) BURZGRÜW

9. Suchen Sie ein Wort aus, das dieselbe Bedeutung hat, wie die beiden ersten Wörter:

Gras / Rennen /..
(a) Hopfen
(b) Rasen
(c) Weide
(d) Gokart

10. Welcher der folgenden Ausdrücke paßt nicht zu den übrigen?

(a) Pinzette
(b) Beil
(c) Hammer
(d) Schlachtmesser

11. Welcher Wortteil, der an die drei vorgegebenen angehängt wird, ergibt bei allen einen Sinn?

SINO-, PSYCHO-, ASTRO-
(a) PHAT
(b) NYM
(c) ANALYSE
(d) LOGE

12. Setzen Sie den Wortteil ein, der in der Klammer fehlt:

MESSE (ESSENO) AMAZONE
MEINUNG (. . . . .) ANSICHTEN
(a) ONESSE
(b) GNUNET
(c) IEMSNA
(d) NUNTEN

13. Welches Wort hat einen ähnlichen Bedeutungsinhalt wie die beiden vorhergehenden?

Chauffeur . . . Fahrer..
(a) Condukteur
(b) Schaffner
(c) Pilot
(d) Lenker

14. Welcher Wortteil paßt in die Klammer? Mit welchem Wortteil endet das erste und beginnt des zweite Wort?

OK (. . .) UR
(a) KULT
(b) CLUB
(c) KERN
(d) KABI

15. Welches Wort fehlt?

Kuh. . . Huhn. . . Schwein. . . Ei. . . Eisbein. . . ?
(a) Schnitzel
(b) Milch
(c) Feder
(d) Fell

16. Setzen Sie den Wortteil ein, mit dem das erste Wort endet und das zweite beginnt:

F(. . .)TE
(a) UAR
(b) AUL
(c) RAU
(d) ETE

17. Suchen Sie das Wort aus, das nicht zu den übrigen paßt:

(a) Strick
(b) Sensibel
(c) Kommunal
(d) Hormone

18. In einer Volkshochschullesung sprechen vier Redner über folgende Themen:

Amerika, Columbus, Enthaltsamkeit, Genugtuung..
Über welches Thema wird der fünfte Redner sprechen?
(a) Sexualität
(b) Männlichkeit
(c) Seefahrt
(d) Insekten

19. Welcher Name paßt nicht zu den anderen?

(a) Keitel
(b) Rommel
(c) Patton
(d) Paulus

20. Wie endet das Sprichwort korrekt?

Was du nicht willst, daß man dir tu,..
(a) . . . das füge jedem anderen zu.
(b) . . . das füge auch keinem andern zu.
(c) . . . schreib auf und dicht' noch mehr dazu.
(d) . . . schrei los und gib deinen Senf dazu.

21. Wie endet das Sprichwort korrekt?

Was der Bauer nicht kennt, ...
(a) . . . das kauft er nicht.
(b) . . . das verkauft er.
(c) . . . das pflanzt er nicht.
(d) . . . das ißt er nicht.

22. Welches Wort paßt nicht zu den übrigen?

(a) Wal
(b) Steinbutt
(c) Hering
(d) Hai

23. Welches Wort der Auswahl paßt zu den drei Wörtern der oberen Zeile?

Unterricht, Tafel, Türen..
(a) Hammer
(b) Kreide
(c) Waschmaschine
(d) Flugabwehr

24. Setzen Sie ein Wort ein, das dieselbe Bedeutung hat wie die beiden Wörter außerhalb der Klammer:

Eintreffen (...) Niederkunft
(a) Geduld
(b) Gabe
(c) Essen
(d) Geburt

25. Setzen Sie die Buchstaben ein, die in der Klammer fehlen:

ZUFÄLLIG (ÄFGD) ENDGÜLTIG
FAHRLÄSSIG (. . . . . .) MECHANISCH

(a) ANRH
(b) GDÄF
(c) RHHC
(d) IGHC

26. Wenn Sie die Buchstaben TTTTAGRSU neu kombinieren, welches Wort erhalten Sie dann?

(a) Land
(b) Fluß
(c) Stadt
(d) Tier

27. Setzen Sie den Wortteil in die Klammer, mit dem der erste endet und der zweite beginnt:

MASS (.) MÄSSIG
(a) REGEL
(b) GABEN
(c) NAHME
(d) LOSE

28. Wie beginnt das Sprichwort korrekt?

. . . lernt Hans nimmermehr.
(a) Was Kurt nicht lernt, ...
(b) Was Hänschen nicht meistert, ...
(c) Was Hänschen nicht lernt, ...
(d) Was du nicht lehrst, ...

29. Welches Wort fehlt in der Liste?

Anzug, Hemd, Hose, Krawatte, Schuhe
(a) Strümpfe
(b) Uhr
(c) Gürtel
(d) Bargeld

30. Welcher der folgenden Sätze stellt eine Meinung dar?

(a) Das Leben hat einen Anfang und ein Ende.
(b) Steinkohle besteht zu mehr als 95 % aus Kohlenstoffen.
(c) Kunststoffe verschlechtern auf die Dauer unsere Lebensqualität.
(d) Ozeane bedecken zwei Drittel der Erdoberfläche.

5.3 Lösungen

Lösungsbogen

In dem folgenden Lösungsbogen sind die richtigen Lösungen angegeben. Tragen Sie Ihre Lösungen ein, und geben Sie sich für jede richtige Lösung einen Punkt. Zählen Sie zum Schluß alle Punkte zusammen. Tragen Sie hier Ihre Lösung ein:

Test-Item Nr.	richtige Lösung	meine Lösung	Punkte
1.	(d)	a b c d	______
2.	(a)	a b c d	______
3.	(c)	a b c d	______
4.	(d)	a b c d	______
5.	(b)	a b c d	______
6.	(c)	a b c d	______
7.	(b)	a b c d	______
8.	(b)	a b c d	______
9.	(b)	a b c d	______
10.	(a) oder (c)	a b c d	______
11.	(d)	a b c d	______
12.	(b)	a b c d	______
13.	(d) oder (c)	a b c d	______
14.	(a)	a b c d	______
15.	(b)	a b c d	______
16.	(c)	a b c d	______
17.	(a)	a b c d	______
18.	(d)	a b c d	______
19.	(c)	a b c d	______
20.	(b)	a b c d	______
21.	(d)	a b c d	______

Test-Item Nr.	richtige Lösung	meine Lösung	Punkte
22.	(a)	a b c d	______
23.	(b)	a b c d	______
24.	(d)	a b c d	______
25.	(c)	a b c d	______
26.	(c)	a b c d	______
27.	(a)	a b c d	______
28.	(c)	a b c d	______
29.	(a)	a b c d	______
30.	(c)	a b c d	______
Ihre Gesamtpunktzahl:			______

Die Summe Ihrer Punkte ist zugleich die Wertung für Ihre sprachliche Intelligenz.

Anhand der folgenden Bewertungstabelle können Sie unter Ihrer Punktzahl nachsehen, welchem Intelligenzquotienten Ihre Leistung entspricht. Berücksichtigen Sie bei der Bewertung bitte Ihre Altersgruppe.

5.4 Bewertungstabelle

Aus der folgenden Bewertungstabelle können Sie entnehmen, wie gut Sie in diesem Subtest (SI) abgeschnitten haben. Suchen Sie zunächst in der ersten Zeile nach Ihrer Altersgruppe, und folgen Sie der entsprechenden Spalte so weit nach unten, bis Sie auf Ihre Gesamtpunktzahl treffen. In der letzten Spalte derselben Zeile finden Sie den dazuzugehörigen IQ zum Bereich sprachliche Intelligenz.

Bitte beachten Sie, daß die sprachliche Intelligenz nur ein Teilaspekt Ihrer gesamten Intelligenz ist. Wenn diese Wertung für Sie enttäuschend ausgefallen ist, könnte Ihr Schwerpunkt auf einem anderen Gebiet liegen. Trainieren Sie gezielt Ihre sprachliche Intelligenz, indem Sie viel lesen.

Testauswertung					
14–16 Jahre	17–22 Jahre	23–30 Jahre	31 Jahre und älter	Gesamtbewertung	Intelligenzquotient
Punkte	Punkte	Punkte	Punkte		bitte hier ankreuzen
24–30	26–30	28–30	25–30	sehr gut	über 130
17–23	23–25	22–27	18–24	gut	ca. 120
12–16	20–22	19–21	15–17	überdurchschnittlich	ca. 110
10–11	17–19	17–18	13–14	unterdurchschnittlich	ca. 90
08–09	13–16	15–16	11–12	gering	ca. 80
07 und weniger	12 und weniger	14 und weniger	10 und weniger	sehr gering	unter 70

5.5 Lösungshinweise

1. (d) Die genannten Fahrzeuge sind Bodenfahrzeuge; nur der *Hubschrauber* ist ein Luftfahrzeug. Deshalb paßt (d) nicht in die Reihe.
2. (a) Das gesuchte Tier heißt *Iltis*. Es ist kein Haustier wie die anderen Tiere (Katze, Hase, Schwein).
3. (c) Das Sprichwort lautet: *Wer andern eine Grube gräbt, fällt selbst hinein.*
4. (d) *Bagger* paßt nicht, weil alle anderen Wörter mit dem Fliegen oder Flugzeugen zu tun haben.
5. (b) Das Sprichwort lautet: *Vater werden ist nicht schwer, Vater sein dagegen sehr* (Wilhelm Busch).
6. (c) Der Name des Flusses lautet: *Moldau.*
7. (b) *Klavier* ist kein Beruf.
8. (b) *Königsberg* liegt nicht in Deutschland.
9. (b) Das Wort *Rasen* kann im Sinne von Gras/Bewuchs ver-

wendet werden und im Sinne von Geschwindigkeit/ Schnellfahren.

10. (a) Das Wort *Pinzette* paßt nicht. Die anderen Werkzeuge haben alle einen Stil oder einen Griff. Das hat die Pinzette nicht. Die zweitbeste Lösung *Hammer* ergibt 0,5 Punkte.
11. (d) Die Wortendung *-loge* ergibt bei allen drei Wörtern einen Sinn.
12. (b) Aus dem Wort *Messe* wurden die letzten drei Buchstaben abgeschnitten und rückwärts als ess in die Klammer eingefügt. Aus dem Wort *Amazone* wurden ebenfalls die drei letzten Buchstaben abgeschnitten und als eno eingefügt. Es ergibt sich das Kunstwort *Esseno*. Verfährt man mit den beiden anderen Wörtern genauso, so ergibt sich das Kunstwort *Gnunet*.
13. (d) *Fahrzeuglenker* oder kurz *Lenker* ist das veraltete Wort für Fahrer oder Chauffeur. Die zweitbeste Lösung *Pilot* ergibt 0,5 Punkte.
14. (a) Das Wort *Kult* ergibt in beiden Wörten eine Bedeutung.
15. (b) Jedem genannten Tier wird ein Produkt zugeordnet. Zur *Kuh* paßt die *Milch*.
16. (c) Es entstehen die beiden Wörter *Frau* und *Raute*.
17. (a) *Strick* hat nur einen Selbstlaut, alle anderen Wörter haben mindestens zwei.
18. (d) Zwischen A (Amerika) und C (Columbus) liegt der Buchstabe B, der ausgelassen wurde. Es wird also immer ein Buchstabe von einem Redner behandelt und einer ausgelassen. Das gesuchte Thema muß also mit dem Buchstaben *I* beginnen.
19. (c) *Patton* ist der einzige amerikanische General unter drei deutschen Generälen.
20. (b) Das Sprichwort lautet korrekt: *Was Du nicht willst, daß man Dir tu, das füge auch keinem andern zu.*
21. (d) Das Sprichwort lautet korrekt: *Was der Bauer nicht kennt, das ißt er nicht.*
22. (a) Der *Wal* ist das einzige Säugetier unter den genannten Tieren.
23. (b) *Kreide* hat als einziges weiteres Wort im weitesten Sinne mit Unterricht, Schule etc. zu tun.
24. (d) *Geburt* hat dieselbe Bedeutung wie die bereits genannten Wörter.
25. (c) Aus den beiden oberen Wörtern wurde jeweils der dritte und vierte Buchstabe ausgeschnitten und in umgekehrter

Reihenfolge in das mittlere Wort eingefügt. Wenn Sie dasselbe Verfahren auf die beiden unteren Wörter anwenden, kommen Sie zur Buchstabenfolge *RHHC*.

26. (c) Die Buchstaben richtig angeordnet ergeben die Stadt *Stuttgart*.
27. (a) Durch die Ergänzung *Regel* enstehen die Worte *Maßregel* und *Regelmäßig*.
28. (c) Das Sprichwort lautet korrekt: *Was Hänschen nicht lernt, lernt Hans nimmermehr.*
29. (a) Es entstehen die Wortpaare: *Anzug/Hose; Hemd/Krawatte; Schuhe/Strümpfe.*
30. (c) Dieser Satz ist eine Meinung, die anderen Sätze beruhen auf mehr oder weniger nachprüfbaren Tatsachen.

6 IQ-Selbsttest (ST)

6.1 Testanleitung

Der fünfte und letzte Test dieses Buches ist ein IQ-Selbsttest. Sie werden hier nochmals alle Aufgabentypen finden, die Sie bisher schon in den vorausgegangenen Tests I bis IV bearbeitet haben.

Deshalb sind hier wohl auch keine besonderen Erklärungen mehr erforderlich. Sie können diesen Test auch ausführen, ohne vorher die anderen Tests durchgeführt zu haben. Der IQ-Selbsttest besteht aus 40 Items und beansprucht deshalb etwas mehr Zeit als die vorausgegangenen Subtests. Die Auswertung des Tests finden Sie auf Seite 144 ff. am Ende dieses Kapitels.

Lösen Sie den IQ-Selbsttest ohne Hilfsmittel. Beginnen Sie nun, Sie haben 20 Minuten Zeit.

6.2 Test V: IQ-Selbsttest

1. Welche Zahl paßt in die Klammer?

278 (395) 512
143 (. . .) 215

(a) 179 (b) 358

(c) 345 (d) 189

2. Die Reihe soll fortgesetzt werden. Welche Figur ist geeignet?

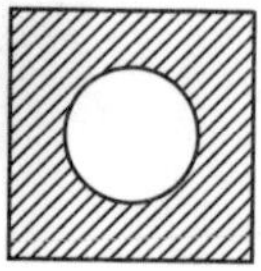 ist zu 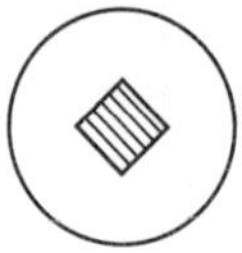 wie  zu?

(a) 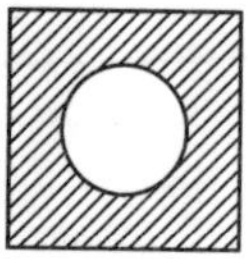

(b) 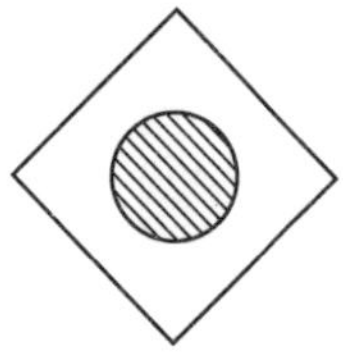

(c) 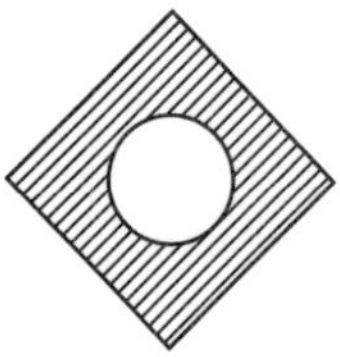

(d) 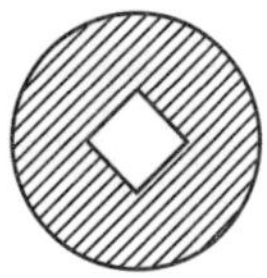

3. Kreuzen Sie den Fisch an, der nicht zu den anderen paßt:

(a) 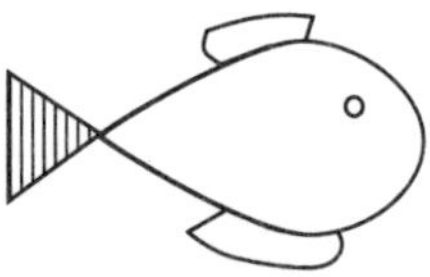

(b) 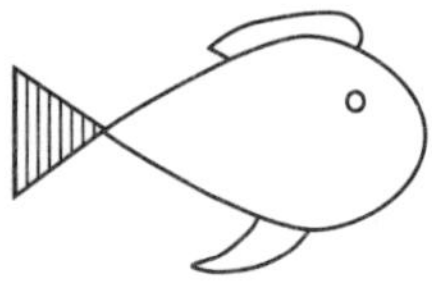

(c) 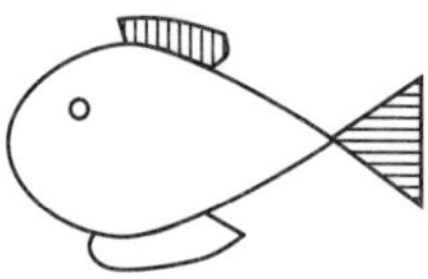

(d) 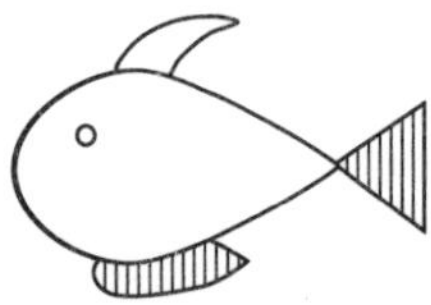

4. Die Figuren wurden deformiert. Welche Figur könnte mit der Ausgangsfigur identisch gewesen sein?

Ausgangsfigur 

(a) 

(b) 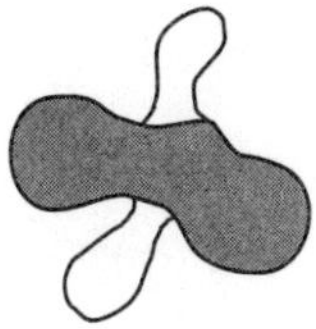

(c) 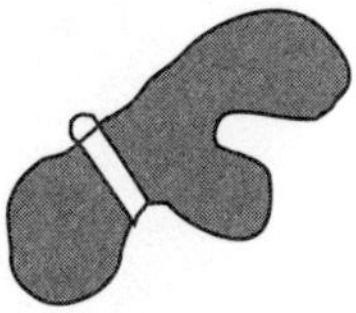

(d) 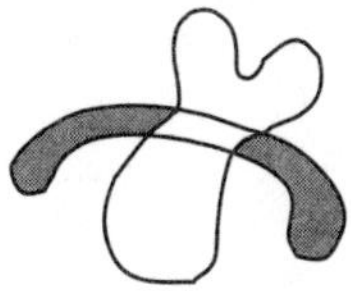

5. Setzen Sie den Wortteil ein, mit dem das erste Wort endet und das zweite Wort beginnt.

SCH (. . . .) EN

(a) LAFF

(b) NARCH

(c) LACH

(d) RANK

6. Welcher Buchstabe paßt nicht in die Reihe?

(a) 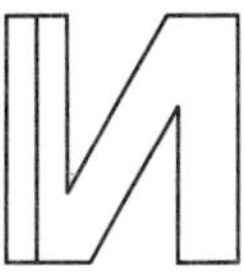
(b) 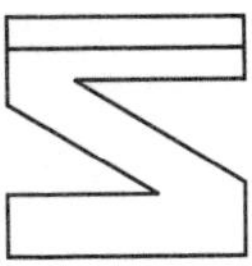
(c) 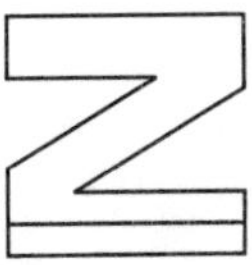
(d) 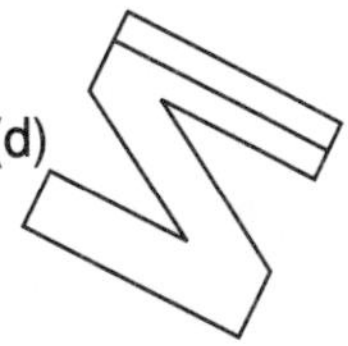

7. Welche Zahl fehlt?

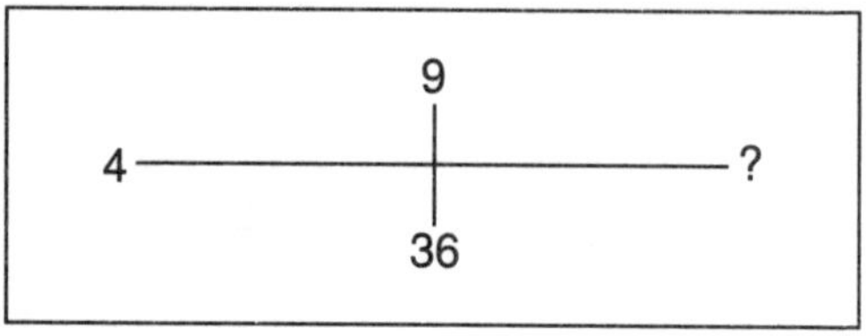

(a) 2 (b) 1

(c) 4 (d) 18

8. Welche Zahl folgt in der Reihe?

2 4 7 11 16 ?

(a) 20 (b) 21

(c) 19 (d) 22

9. Kreuzen Sie das Wort an, das nicht zu den anderen paßt:

(a) Tretboot (b) Draisine

(c) Fahrrad (d) Solarradler

10. Kreuzen Sie den nächsten Buchstaben an:

B E H K ?

(a) N (b) M

(c) O (d) P

11. Suchen Sie die Figur heraus, die als nächstes folgt:

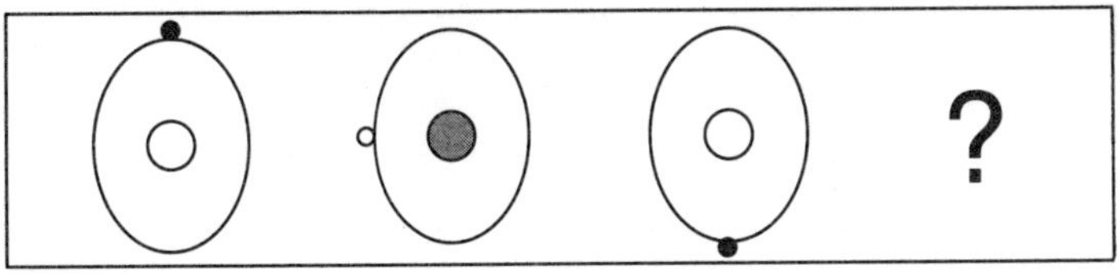

(a) 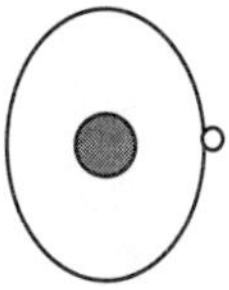

(b) 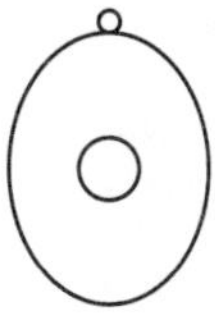

(c) 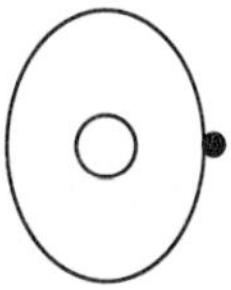

(d) 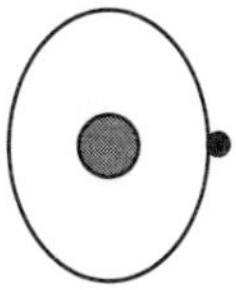

12. In jedem der folgenden Wörter ist der Name eines Flusses enthalten. Welcher Name paßt nicht in die Reihe?

(a) ALDUF

(b) LSEOM

(c) RKEACN

(d) ERMNA

13. Kreuzen Sie das Wort an, das nicht dieselbe Bedeutung hat wie das zuerst genannte:

Produktivität

(a) Gestaltungskraft

(b) Genialität

(c) hellseherisch

(d) Schaffensdrang

14. Wie gehts weiter? Suchen Sie die passende Figur heraus:

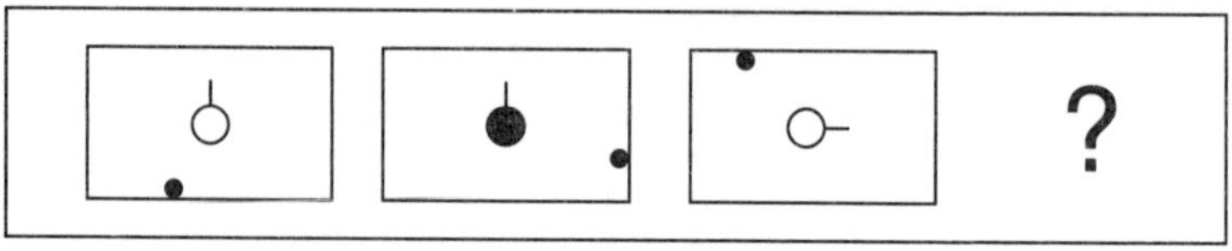

(a) 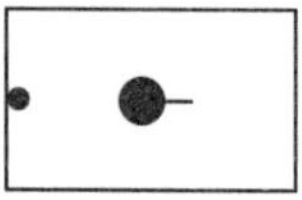

(b) 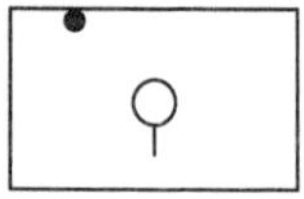

(c) 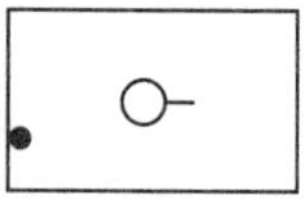

(d) 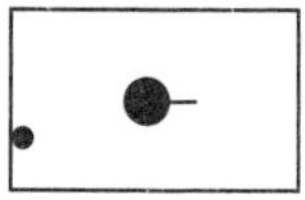

15. Kreuzen Sie den fehlenden Buchstaben an:

C	F	I
L	O	R
U	X	?

(a) B

(b) A

(c) Y

(d) J

16. Wie lautet die folgende Zahl?

3 5 9 11 21 23 ?

(a) 45

(b) 25

(c) 56

(d) 34

17. Die Figur wurde deformiert. Welche Figur könnte die Ausgangsfigur gewesen sein?

Ausgangsfigur

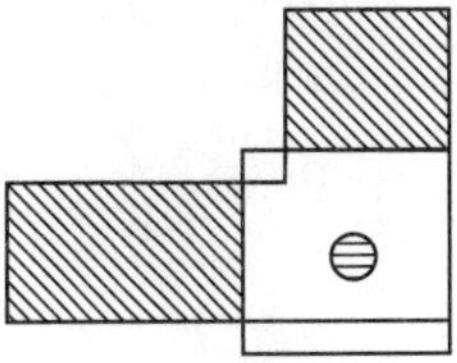

(a)

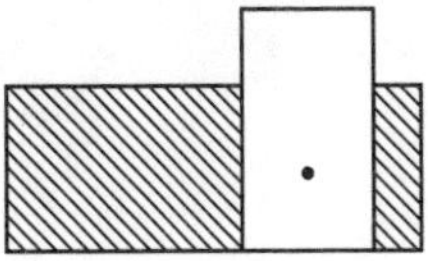

(b)

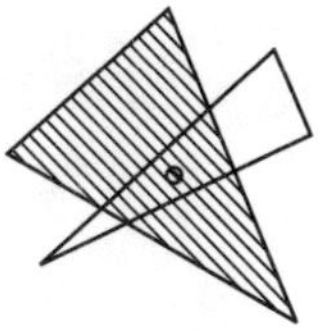

(c)

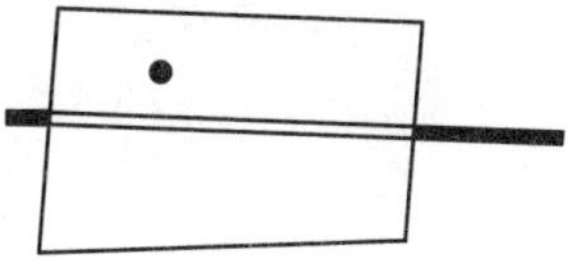

(d)

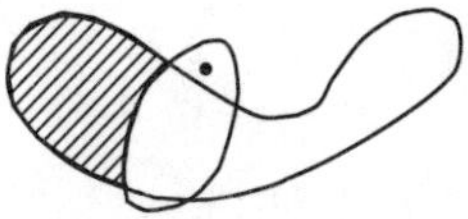

18. Welche Zahlen sind in der Schnittmenge?

T_{15}

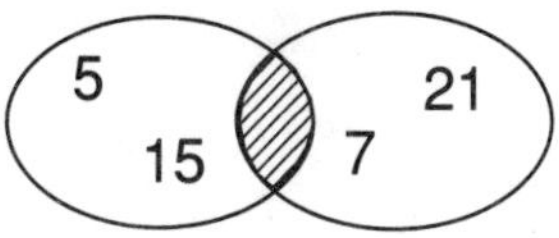

T_{21}

(a) 2,3

(b) 1,3

(c) 1,5

(d) 2,3,5

19. Die abgebildete Figur wurde deformiert. Welches war die eigentliche Ausgangsfigur?

Ausgangsfigur

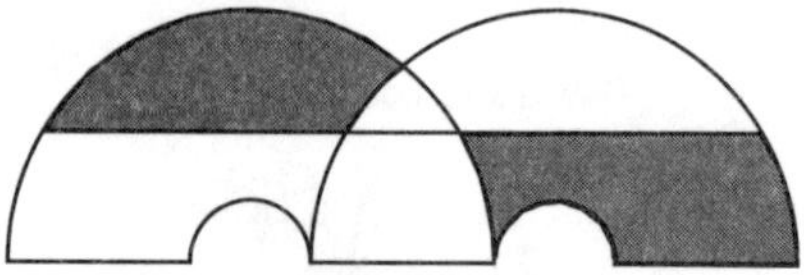

(a)

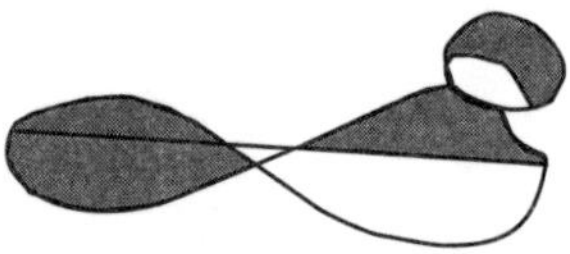

(b)

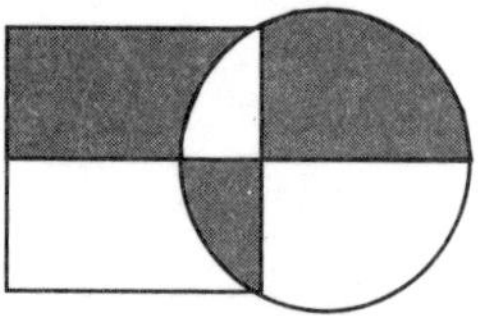

(c)

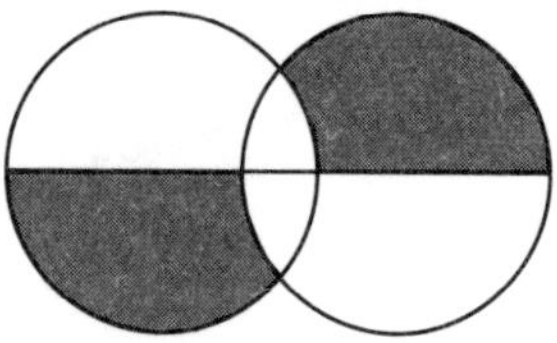

(d)

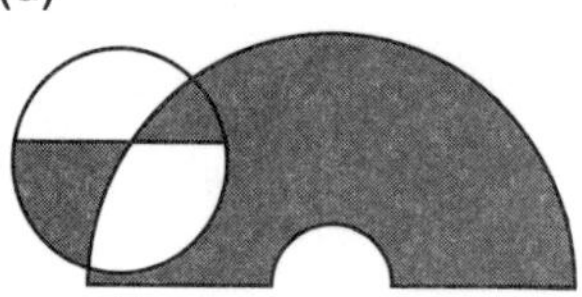

20. Welcher Buchstabe folgt?

B V P J D ?

(a) O

(b) Y

(c) W

(d) X

21. Welche Zahl fehlt in dem Quadrat?

(a) 35 (b) 45

(c) 5 (d) 9

22. Kreuzen Sie die Zahl an, die in die Reihe paßt:

66 , 42 , 54 , ?

(a) 31 (b) 37

(c) 27 (d) 46

23. Welche Figur ist anders als die drei anderen?

(a)
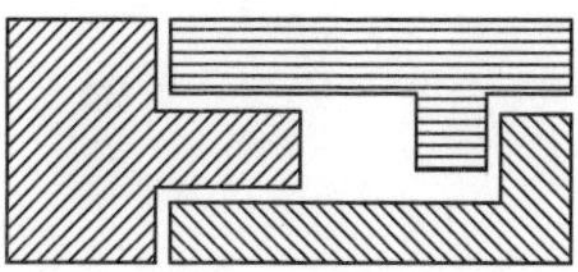
(b)
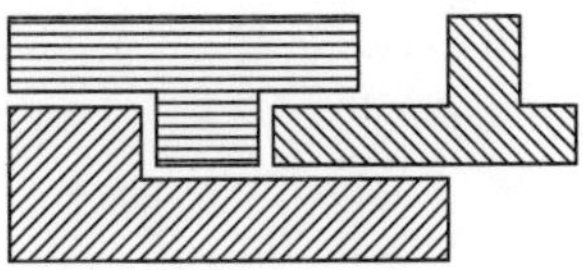
(c)
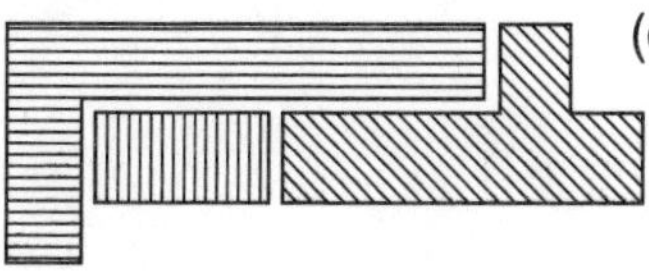
(d)
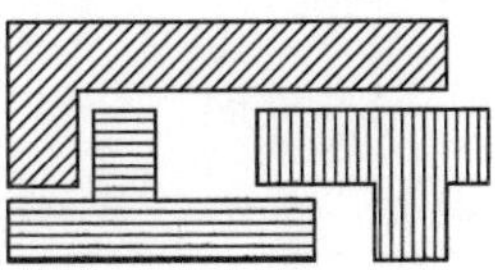

24. Nehmen Sie sich noch einmal die Grundfigur von S. 67, und versuchen Sie, die folgenden Figuren nachzulegen. Welche Figuren lassen sich mit den vorhandenen Grundfiguren nachlegen? Bitte bedenken Sie, daß die unten abgebildeten Figuren proportional verkleinert sind.

(a) 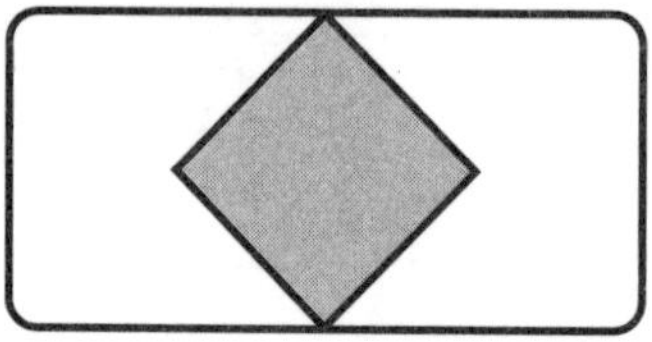

(b) 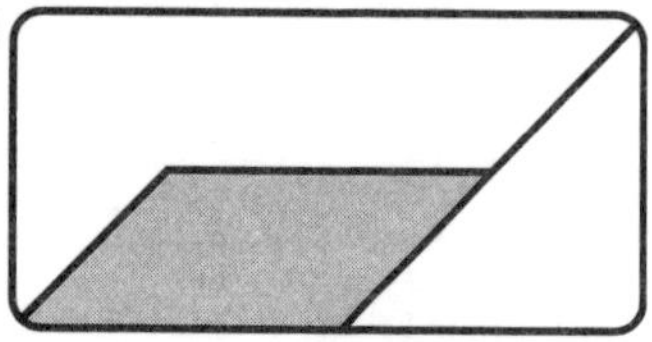

(c) 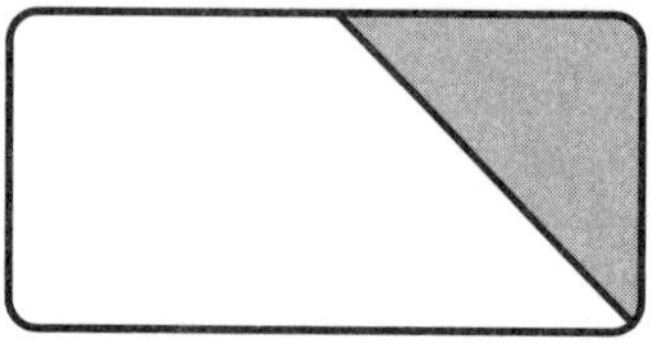

(d) 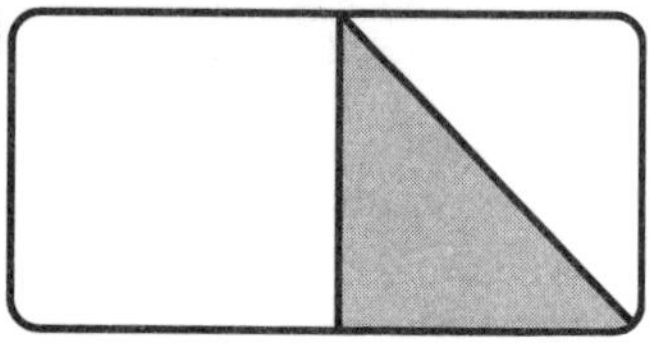

25. Welcher Würfel paßt zu der Abwicklung?

(a) 

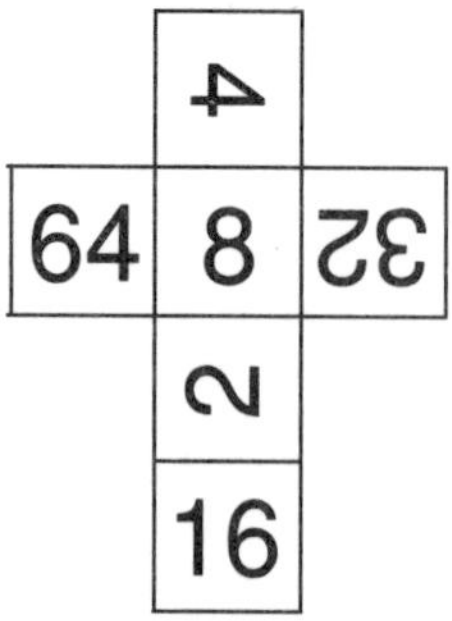

(b) 

(c) 

(d) 

26. Wie endet das Sprichwort korrekt?

Den letzten ...

(a) will niemand.

(b) beißen die Hunde.

(c) wird man nicht vermissen.

(d) kann man nicht abschütteln.

27. Welches Kreuz paßt in die Lücke?

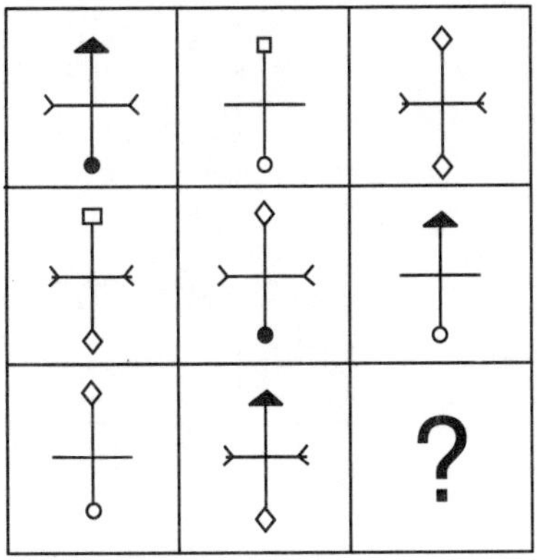

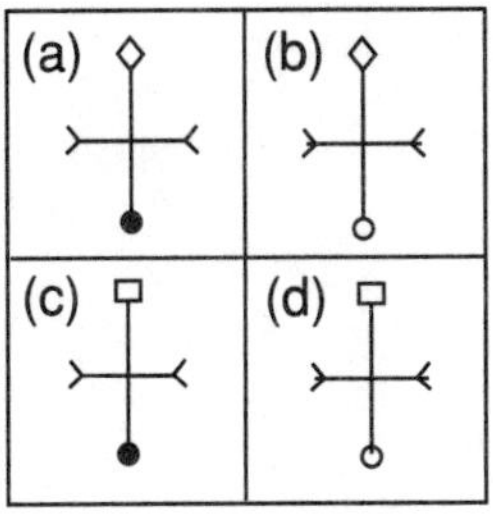

28. Wie endet das Sprichwort korrekt?

Lobe nie den Tag …

(a) am Morgen.

(b) nach dem Mittagessen.

(c) vor dem Abend.

(d) vor dem Abendessen.

29. Welche Zahl fehlt in dem Zahlenquadrat?

15	
27	21

33	
41	?

(a) 35

(b) 37

(c) 43

(d) 33

30. Welcher Würfel muß folgen?

?

(a) 

(b) 

(c) 

(d) 

31. Welcher Bruch paßt in die Reihe?

7	5	6	4	5	?
3	2	9	8	15	

(a) $\frac{3}{14}$ (b) $\frac{5}{16}$ (c) $\frac{3}{8}$ (d) $\frac{3}{12}$

32. Kreuzen Sie die Buchstabenfolge an, mit der das erste Wort endet und das zweite beginnt:

DIKTA (. . . .) OGRAPH

(a) TOR (b) ORTHO

(c) PHON (d) T - TOM

33. Wie endet das Sprichwort richtig?

Hochmut kommt ...

(a) manchmal vor.

(b) nicht allein.

(c) Eifersucht geht.

(d) vor dem Fall.

34. Die Figur wurde gespiegelt oder gedreht. Welches ist das Resultat?

Ausgangsfigur

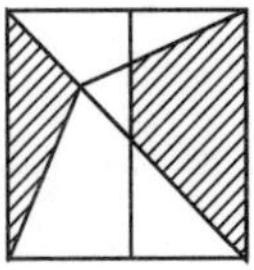

(a)

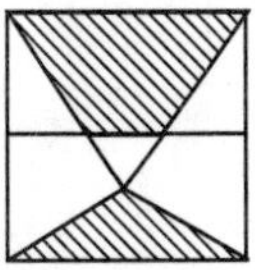

(b)

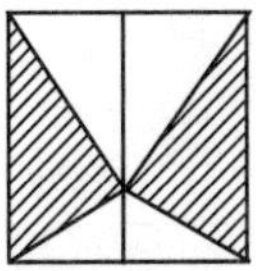

(c)

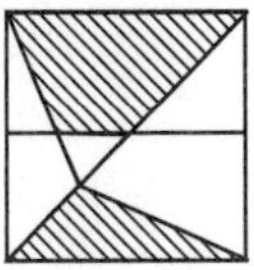

(d)

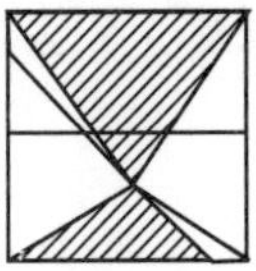

35. Suchen Sie die richtige Lösung:

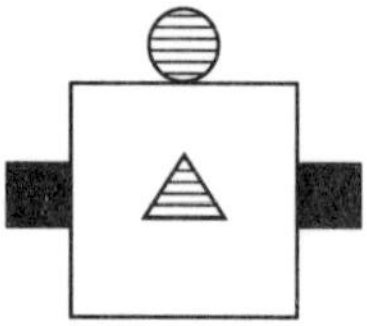 verhält sich zu 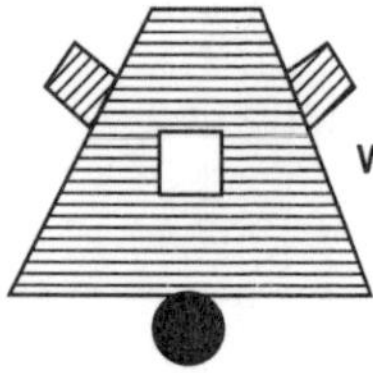 wie

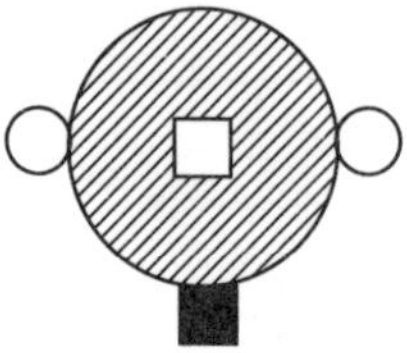 zu ?

(a) 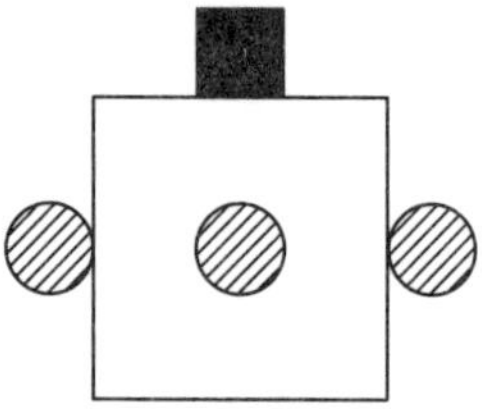 (b) 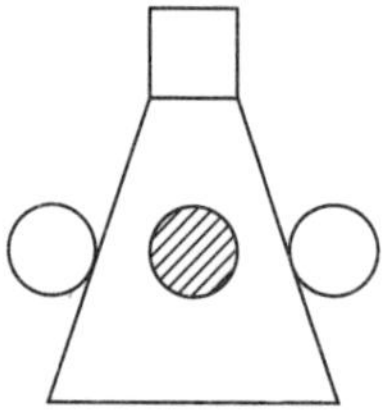

(c)  (d) 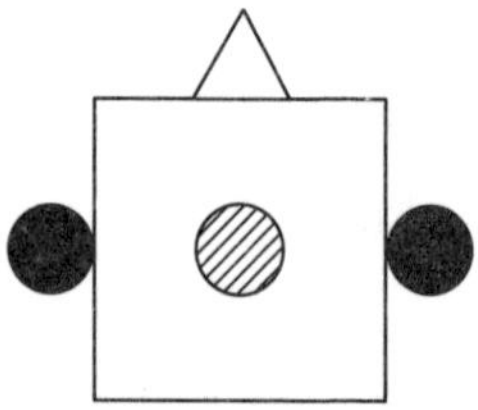

36. Setzen Sie die Buchstaben ein, die in der Klammer fehlen:

AMSEL (ESAU) LAUCH

NAGEL (. . . .) ARTUR

(a) AGUR (b) LETA

(c) EGRT (d) EGUR

37. Eine Figur paßt in das Quadrat. Kreuzen Sie sie an:

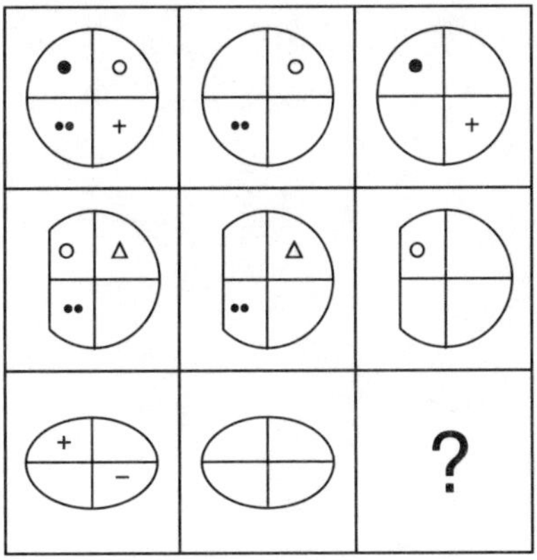

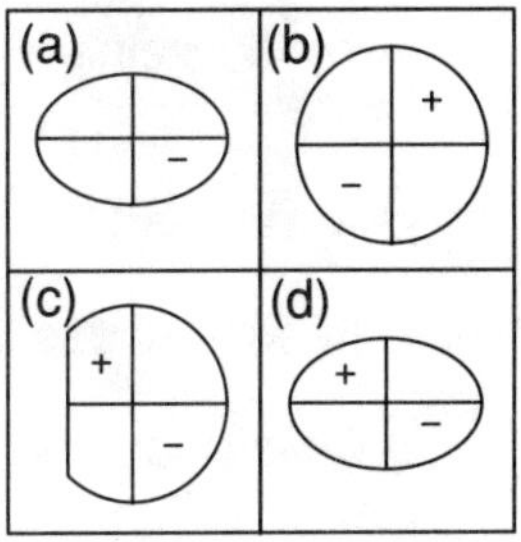

38. Welche Zahl fehlt?

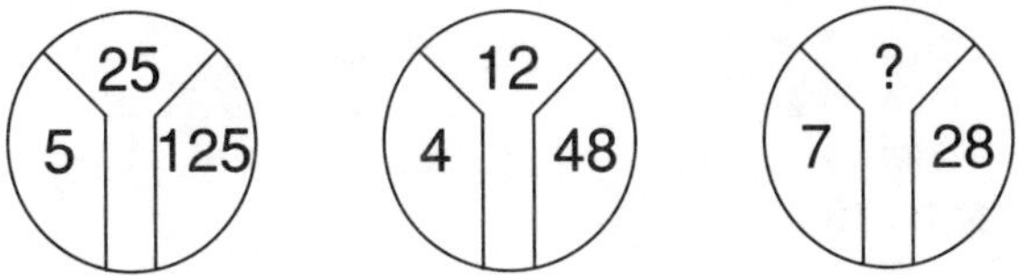

(a) 4

(b) 16

(c) 18

(d) 21

39. Welche Figur paßt ?

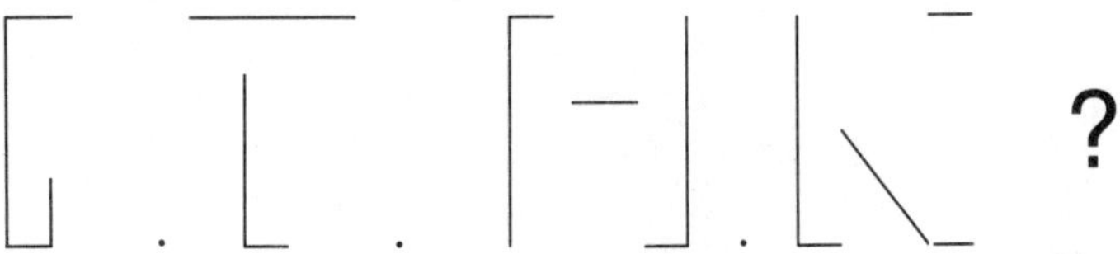

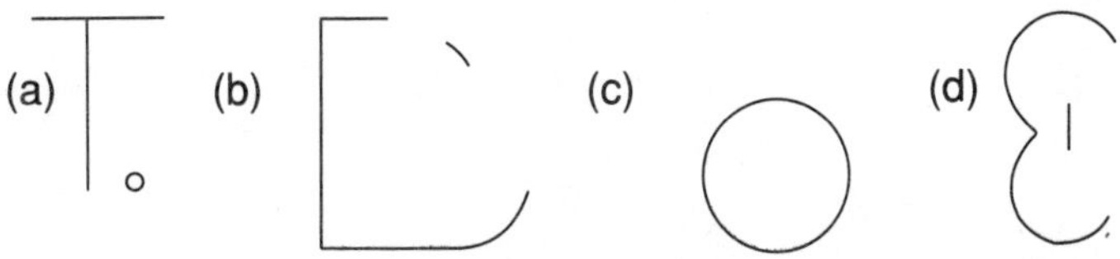

40. Kreuzen Sie den Satz ein, der nicht zu allen anderen paßt:

Anton fährt einen Daimler. Bruno ißt gerne Eier. Franz liebt die Igel ...

(a) Xaver fliegt im Airbus.

(b) Irene lernt das Laufen.

(c) Cäsar mag frische Feigen.

(d) Gaston liebt süße Früchte.

6.3 Lösungen

Lösungsbogen

In dem folgenden Lösungsbogen sind die richtigen Lösungen angegeben. Tragen Sie für jedes Item Ihre Lösung ein, und geben Sie sich für jede richtige Lösung einen Punkt. Zählen Sie zum Schluß alle Punkte zusammen, und betrachten Sie die Wertetabelle. Tragen Sie hier Ihre Lösungen ein:

Test-Item Nr.	richtige Lösung	meine Lösung	Punkte
1.	(a)	a b c d	______
2.	(b)	a b c d	______
3.	(c)	a b c d	______
4.	(d)	a b c d	______
5.	(d)	a b c d	______
6.	(c)	a b c d	______
7.	(b)	a b c d	______
8.	(d)	a b c d	______
9.	(d)	a b c d	______
10.	(a)	a b c d	______
11.	(a)	a b c d	______
12.	(d)	a b c d	______

Test-Item Nr.	richtige Lösung	meine Lösung	Punkte
13.	(c)	a b c d	______
14.	(d)	a b c d	______
15.	(b)	a b c d	______
16.	(a)	a b c d	______
17.	(b)	a b c d	______
18.	(b)	a b c d	______
19.	(c)	a b c d	______
20.	(d)	a b c d	______
21.	(b)	a b c d	______
22.	(c) oder (b)	a b c d	______
23.	(c) oder (a)	a b c d	______
24.	(a)	a b c d	______
25.	(a)	a b c d	______
26.	(b)	a b c d	______
27.	(c)	a b c d	______
28.	(c)	a b c d	______
29.	(b)	a b c d	______
30.	(d)	a b c d	______
31.	(a)	a b c d	______
32.	(c)	a b c d	______
33.	(d)	a b c d	______
34.	(c)	a b c d	______
35.	(d)	a b c d	______
36.	(c)	a b c d	______
37.	(d)	a b c d	______
38.	(a)	a b c d	______
39.	(b)	a b c d	______
40.	(d)	a b c d	______
Ihre Gesamtpunktzahl:			______

Die Summe Ihrer Punkte ist zugleich die Wertung für Ihren IQ-Selbsttest.

Anhand der folgenden Bewertungstabelle können Sie unter Ihrer Punktzahl nachsehen, welchem Intelligenzquotienten Ihre Leistung entspricht. Berücksichtigen Sie bei der Bewertung bitte Ihre Altersgruppe.

6.4 Bewertungstabelle

Aus der folgenden Bewertungstabelle können Sie entnehmen, wie gut Sie in diesem IQ-Selbsttest abgeschnitten haben. Suchen Sie zunächst in der ersten Zeile nach Ihrer Altersgruppe, und folgen Sie dann der Spalte so weit nach unten, bis Sie auf Ihre Gesamtpunktzahl treffen. In der letzten Spalte derselben Zeile finden Sie den zugehörigen IQ zum gesamten Bereich.

Testauswertung					
14–17 Jahre	18–23 Jahre	24–30 Jahre	31 Jahre und älter	Gesamtbewertung	Intelligenzquotient
Punkte	Punkte	Punkte	Punkte		bitte hier ankreuzen
34–40	36–40	38–40	35–40	sehr gut	über 130
27–33	33–35	32–37	27–34	gut	ca. 120
22–26	30–32	29–31	25–26	überdurchschnittlich	ca. 110
20–21	27–29	27–28	23–24	unterdurchschnittlich	ca. 90
14–19	18–26	19–26	16–22	gering	ca. 80
13 und weniger	17 und weniger	18 und weniger	15 und weniger	sehr gering	unter 70

Bitte beachten Sie, daß der IQ-Selbsttest nur einen Teilaspekt Ihrer gesamten Persönlichkeit berührt. Sollten Sie bei diesem Test schlecht abgeschnitten haben, so stellen Sie fest, in welchem Bereich Ihre Schwächen liegen. Trainieren Sie diesen Bereich gezielt, und Sie werden feststellen, daß sich Ihr Ergebnis verbessert. Denken Sie daran: Tests sind trainierbar!

Sie können auch im Wiederholungslauf die Aufgaben noch einmal lösen. Lassen Sie dabei mindestens ein paar Tage Zeit verstreichen, bevor Sie die Aufgaben noch einmal machen. Nehmen Sie sich für diesen Wiederholungslauf genügend Zeit.

6.5 Lösungshinweise

1. (a) Die beiden äußeren Zahlen werden addiert und durch 2 dividiert. Die Lösung muß deshalb lauten (143 + 215) : 2 = 179.
2. (b) Weiß; Rechtsschraffur und Linksschraffur durchlaufen eine zyklische Veränderung. Ebenso die Formen Kreis und Quadrat, am Quadrat allerdings nicht erkennbar. Das innere linksschraffierte Quadrat wird zum senkrechtstehenden weißen Quadrat umformatiert. Der äußere rechtsschraffierte Kreis wird zum inneren linksschraffierten kleinen Kreis. Bei den anderen vorgegebenen Lösungen werden nicht alle Merkmale verändert.
3. (c) Es ist der einzige Fisch mit waagrecht schraffierter Schwanzflosse.
4. (d) Die Figur enthält als einzige fünf Abschnitte.
5. (d) Mit dem Wortteil RANK ergeben sich die sinnvollen Wörter *Schrank* und *Ranken*.
6. (c) Nur dieser Buchstabe wurde gespiegelt. Alle anderen lassen sich durch Drehung in Deckung bringen.
7. (b) Die Zahlenoperation ist x 4. So ergibt 9 x 4 = 36 und 1 x 4 = 4.
8. (d) Es werden der Reihe nach die Zahlen 2, 3, 4, 5 und 6 hinzuaddiert.
9. (d) Beim Solarradler handelt es sich um ein Modell, wohingegen die anderen Gegenstände in Gebrauch sind.
10. (a) Zwischen je zwei Buchstaben liegen zwei weitere. Es folgt also K, L, M, N. N ist die Lösung.
11. (a) Der schraffierte Kreis in der Mitte „blinkt“. Der kleine

Kreis am Rande wandert gegen den Uhrzeigersinn und „blinkt“ ebenfalls.

12. (d) Bei den Flüssen handelt es sich um *Fulda, Mosel, Neckar* und *Marne*. Letztere paßt nicht in die Reihe der deutschen Flüsse.
13. (c) *Hellseherisch* ist kein „offizielles“ deutsches Adjektiv. Schon aus diesem Grunde paßt es nicht. Es hat aber auch keine semantische Überschneidung mit *Produktivität*.
14. (d) Der Kreis in der Mitte „blinkt“, wobei die Zeigerstellung sich erst im 3. Bild verändert. Der Punkt am Rande des Rechtecks wandert gegen den Uhrzeigersinn.
15. (b) Der Buchstabe A ist um drei Buchstaben von X entfernt, wenn man sich das Alphabet zyklisch angeordnet denkt.
16. (a) Die richtige Lösung 45 kommt aus den Rechenoperationen + 2 und x 2 – 1 zustande. Beginnend mit 3 ergibt sich 3 + 2 = 5; 5 x 2 – 1 = 9; 9 + 2 = 11; 11 x 2 – 1 = 21; 21 + 2 = 23; 23 x 2 – 1 = 45.
17. (b) Die Figur enthält als einzige die Kreisscheibe und fünf richtig schraffierte Teilflächen.
18. (b) In den beiden Mengendiagrammen befinden sich jeweils die Teilermenge von 15 und die Teilermenge von 21. Es gilt T 15 $\cap$ T 21 = {1,3}.
19. (c) Sechs Flächen werden mit der richtigen Schraffur wiedergegeben.
20. (d) Der Abstand zwischen den Buchstaben (rückwärts gezählt) beträgt 6 (inkl. Zielbuchstabe). Auf D folgt somit X.
21. (b) Die Zahlen wurden untereinander multipliziert. Die Ergebnisse im einzelnen sind: 3 x 1 = 3; 2 x 7 = 14; 3 x 4 = 12. Es fehlte noch 5 x 9 = 45.
22. (c) Die in der Reihe genannten Zahlen sind durch 3 teilbar. Bei den Ergebnissen ist nur 27 durch 3 ohne Rest teilbar. Die zweitbeste Lösung (b) 46, gerade Zahl, erhält 0,5 Punkte.
23. (c) Die anderen Figuren enthalten alle zwei T-Stücke. Die einzige Ausnahme ist die Figur (c). Die zweitbeste Lösung (a) ergibt als Gesamtbild ein Rechteck.
24. (a) Die Figur (a).

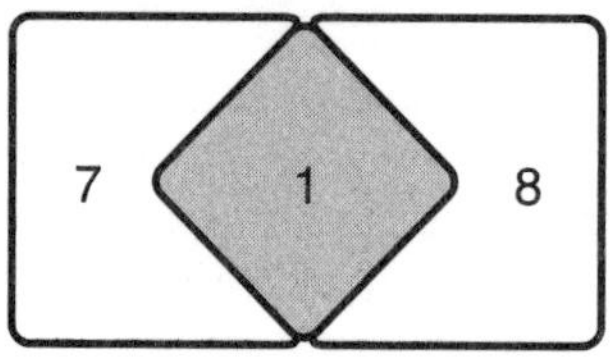

25. (a) Bei dieser Lösung stehen die Zahlen im richtigen Winkel. Alle anderen Lösungen sind verkehrt.
26. (b) Das Sprichwort lautet korrekt: *Den letzten beißen die Hunde.*
27. (c) Das Kreuz muß einen rechteckigen „Kopf", zwei „Finger" und ein schwarzes Fundament aufweisen. Bei (c) trifft dies alles zu.
28. (c) Das Sprichwort lautet: *Lobe nie den Tag vor dem Abend.*
29. (b) Die Zahl 21 entstand aus der folgenden Rechenoperation: (15 + 27) : 2 = 21. Dieselbe Rechenoperation auf das zweite Quadrat angewandt, führt zu folgender Lösung: (33 + 41) : 2 = 37.
30. (d) Der Würfel wird in der vertikalen Ebene jeweils um 90° gedreht, und zwar von hinten nach vorne. Nach der vierten Umdrehung taucht die Raute wieder auf.
31. (a) Die obere Zahlenreihe wird durch die Rechenoperationen – 2 + 1 gebildet. Das Ergebnis der oberen Reihe ist demnach 3. Die untere Reihe wird durch die Rechenoperationen – 1 + 7 gebildet. Das Ergebnis der zweiten Reihe ist demnach 14. Insgesamt ergibt sich der Bruch: 3/14.
32. (c) Die beiden Wörter, die entstehen sind: *Diktaphon* und *Phonograph.*
33. (d) Das Sprichwort lautet korrekt: *Hochmut kommt vor dem Fall.*
34. (c) Die Figur wurde gedreht.
35. (d) Wie im Beispiel, müssen *alle* Figuren verändert werden. Aus dem weißen Dreieck wird ein Quadrat etc. Für die Lösungsfigur gilt dasselbe Prinzip. Alles verändert wurde in der Lösungsalternative (d).
36. (c) Aus dem ersten oberen Wort werden die Buchstaben 3 und 4 ausgeschnitten und in verkehrter Reihenfolge in die Klammer eingesetzt. Dasselbe passiert mit dem zweiten Wort. Dort werden die Buchstaben 2 und 3 in richtiger Reihenfolge in der Klammer verwendet. Geht man mit derselben Operation an die beiden folgenden Wörter heran, so ergibt sich die Lösung EGRT.
37. (d) Es werden jeweils die Diagonalen abgedeckt; der Rest bleibt sichtbar. Die dritte Reihe ist dabei die wesentliche. Das erste Quadrat zeigt das Vollbild, dann wird die Diagonale oben links/unten rechts abgedeckt. Die Abdeckung der Diagonalen oben rechts/unten links ergibt das Lösungsbild (d).

38. (a) Die Ergebnisse werden durch folgende Rechenoperationen gebildet: 5 x 25 = 125; 4 x 12 = 48; 7 x ? = 28. Ergebnis: 4.
39. (b) Das Bild zeigt die Schattenschrift des Buchstabens D. Alle anderen Lösungen sind keine Schattenschriften.
40. (d) Der Abstand der Anfangsbuchstaben zwischen dem ersten Hauptwort und dem zweiten beträgt (inkl. Lösung) drei. Bei der letzten Antwort (d) ist der Abstand hingegen zu groß. Diese Lösung ist falsch und muß somit angekreuzt werden.

7 Wenn Sie zusätzlichen Rat benötigen

Wenn Sie bei sich im Laufe der Tests erhebliche Mängel entdeckt haben, dann wird Ihnen dieser Hinweis sicher gelegen kommen: Ich habe eingangs schon darauf hingewiesen, daß es an vielen Volkshochschulen, bei psychologischen Beratungsstellen und bei der Berufsberatung des Arbeitsamtes die Möglichkeit gibt, Intelligenztests durchführen zu lassen. Auch die Bundesanstalt für Arbeit in Nürnberg gibt Auskunft über berufsbezogene IQ-Tests und Berufseignungstests. Sie können IQ-Tests auch von Personalberatern durchführen lassen. Alle diese Möglichkeiten haben ihre Vor- und Nachteile und sind mehr oder weniger kostenintensiv. So kann zum Beispiel das Ermitteln eines IQ-Testwertes von der Bundesanstalt für Arbeit in Nürnberg gefördert werden, und Sie müssen dafür nichts bezahlen. Voraussetzung ist jedoch, daß diese Maßnahme Ihrer besseren Vermittlung in ein Arbeitsverhältnis dient oder die Suche nach einer entsprechenden Weiterbildungsmaßnahme ermöglicht.

Alle in diesem Buch vorgestellten Tests können auch in der Gruppe bearbeitet werden.

Wenn Sie an einem IQ-Test teilnehmen wollen, müssen Sie selbst aktiv werden. Zunächst können Sie beim nächsten Arbeitsamt anfragen. Zuständig sind auch Berufsinformationszentren, Fachvermittlungsdienste, psychologische Praxen und psychologische Dienste der Arbeitsverwaltung.

Die folgende Graphikkarte soll Ihnen einen Überblick über Ihre bisherigen Leistungen verschaffen. Tragen Sie Ihre persönlichen Testwerte ein, und vergleichen Sie diese mit dem Ergebnis, das Sie bei einem IQ-Test in einer psychologischen Praxis oder an einer anderen, oben angegebenen Stelle erhalten haben. Natürlich können Sie auch Ihre Werte aus dem Wiederholungslauf eintragen. Sie werden feststellen, daß sie sich durch das Training verbessert haben.

Ihre persönliche IQ-Karte

Alter:	
Schulabschluß:	
Beruf:	
männl/weibl.:	Datum:
Gesamtauswertung	Diagnosekarte
Bitte ankreuzen:	
Test I: visuelle Intelligenz IQ-Testwert:	70 ... 80 ... 90 ... 100 ... 110 ... 120 ... 130
Test II: praktische Intelligenz IQ-Testwert:	70 ... 80 ... 90 ... 100 ... 110 ... 120 ... 130
Test III: mathematische Intelligenz IQ-Testwert:	70 ... 80 ... 90 ... 100 ... 110 ... 120 ... 130
Test IV: sprachliche Intelligenz IQ-Testwert:	70 ... 80 ... 90 ... 100 ... 110 ... 120 ... 130
Test V: IQ-Selbsttest IQ-Testwert:	70 ... 80 ... 90 ... 100 ... 110 ... 120 ... 130

Verbinden Sie Ihre Kreuze mit einem Strich. Im Idealfall dürften die einzelnen Testwerte nicht allzu weit auseinanderliegen. Trotzdem kommen immer wieder extrem einseitige Begabungen vor, vielleicht gehören Sie dazu.

Wenn Sie Fragen zum IQ-Test haben oder noch zusätzliche Angaben zur Interpretation wünschen, setzen Sie sich bitte mit dem Leser-Service in Verbindung (siehe S. 157f.).

Anhang

1. Stichwortverzeichnis

2. Literatur

Berloquin, Pierre: Testez votre intelligence, LGF Paris 1974
Bruns, G.; Kratzmair, M.: Auf der Suche nach Leistung und Intelligenz, SZ 287/94
Cronbach, L.J.; Gleser, G.: Psychological tests and personel decisions, Urbana Ill. Uni. Press 1965
Dröll, Dieter: Die Bewerbung – Das Vorstellungsgespräch, Societät, Frankfurt 1992
Dunnette, M. D.: Personnel selection and placement, Belmont, Cal. Wadsworth 1966
Eysenck, Jürgen: Intelligenz-Test, Rowohlt, Reinbek 1988
Fredet, Jean-G.: L'intelligence est-elle héréditaire?, Nouvel Observateur 5, Paris 1995
Gardner, Howard: Creating Minds – An Anatomy of Creativity Seen Through the Lives of, Basic Books, New York 1993
Gersbacher, Ursula: Das Bewerbungsgespräch. Heyne, München 1991
Haaß, Peter: Das erfolgreiche Bewerbungsgespräch, Econ, Düsseldorf 1992
Hartkemeer, Johannes: Die Suche nach zeitgemäßen Lernräumen, SZ. 244, München 1994
Lanner, Helmut: Vorstellungsgespräche mit Erfolg, Humboldt, München 1992
Lauster, Peter: Intelligenz, Econ, Düsseldorf 1992
Pawlik, K. (Hg.): Diagnose der Diagnostik, Klett, Stuttgart 1976
Siewert, Horst & Renate: Bewerben wie ein Profi, mvg-verlag, München 1996
Siewert, Horst & Renate: Test-Intensivtraining, mvg-verlag, München 1995
Siewert, Horst: Persönlichkeitstests erkennen und bestehen, mvg-verlag, München 1994
Siewert, Horst: Testen Sie Ihre Persönlichkeit, PEGASTAR Psychotest, Le Château, CH-2028 Vaumarcus 1992
Siewert, Horst: Testen Sie Ihre Intelligenz, PEGASTAR Psychotest, Le Château, CH-2028 Vaumarcus 1992
Spiegel: Ins Hirn investieren, Spiegel, Hamburg 3/1995
Stapf, Aiga: Die Entwicklungs hochbegabter Kinder im Vorschul- und Schulalter, oder: Warum es für viele Hochbegabte nach der 4. Klasse schon zu spät ist, In: B. Grillmayr, W. Hübl und

G. Pusch (Hg.): Begabungen gefragt, Europäische Konferenz, Salzburg: Off. Kongreßbericht 1988, S. 86–92
Stapf, Aiga u. Kurt: Kindliche Hochbegabung in entwicklungspsychologischer Sicht, Psychol. Erz., Unterr. 35 Jg. S. 1–17, Reinhard, München 1988
Tack, Werner: Diagnostik als Entscheidungshilfe, In: K. Pawlik, Diagnose der Diagnostik, Klett, Stuttgart 1976
Tack, Werner: Auswahl und Plazierung von Mitarbeitern, Kindler Psychologie des 20. Jahrhunderts, Band V S. 478, Kindler, München
Urban, K.K.(Hg.): Hochbegabte Kinder, Schindele, Heidelberg 1982

Leser-Service

Liebe Leserin, lieber Leser,

das Ihnen vorliegende Buch „Intelligenztests“ soll ständig weiterentwickelt und verbessert werden. Dazu hoffe ich auf Ihre Mithilfe. Bitte füllen Sie diesen Fragebogen (oder eine Kopie davon) aus, und senden Sie ihn an: mvg-verlag, Lektorat, 86895 Landsberg am Lech oder an das „Büro für Beratung“, Orchideenweg 2–4, 72762 Reutlingen.

Bitte senden Sie uns Korrekturen, Adressen und sonstige Informationen zu, die für dieses Buch wichtig sein könnten. Sie helfen damit weiteren Leserinnen und Lesern.

Absender: Datum:

Gruhne, Annett
Name, Vorname

Oststr. 7
Straße

04774 Luppa
PLZ/Ort

Leserservice / Fragebogen

(1) Wo haben Sie dieses Buch entdeckt?

O Bibliothek ⊗ Buchhandlung O ....

(2) Welche Tätigkeit üben Sie zur Zeit aus?

O Beruf: ....

⊗ Student: Schüler – Gymnasium

O Graduierter (Fachrichtung): ....

(3) Welchen Eindruck haben Sie von diesem Buch?

O Geben Sie eine Note von sehr gut (1) bis ungenügend (6) an.

....

(4) Begründen Sie Ihre Aussage: ....

....

(5) Welche Kapitel waren für Sie persönlich besonders wichtig?

....

....

(6) Welche Kapitel waren aus Ihrer Sicht nicht so wichtig?

....

....

(7) Welche Änderungen schlagen Sie für dieses Buch vor?

....

....

(8) Würden Sie dieses Buch weiterempfehlen?

....

....

(9) Interessieren Sie sich für weitere Bücher des Autors?

....

....

....